讀書敏求記

[清] 錢曾 撰

上册

文物出版社

圖書在版編目（CIP）數據

讀書敏求記 / (清) 錢曾撰. -- 北京：文物出版社，
2020.1
（拾瑶叢書 / 鄧占平主編）
ISBN 978-7-5010-6360-4

Ⅰ.①讀… Ⅱ.①錢… Ⅲ.①善本－圖書目録－中國
－清代 Ⅳ.①Z838

中國版本圖書館CIP數據核字(2019)第249626號

讀書敏求記 〔清〕錢曾 撰

主　　編：鄧占平
策　　劃：尚論聰　楊麗麗
責任編輯：李縉雲　李子裔
責任印製：張道奇

出版發行：文物出版社有限公司
社　　址：北京市東直門内北小街2號樓
郵　　編：100007
網　　址：http://www.wenwu.com
郵　　箱：web@wenwu.com
經　　銷：新華書店
印　　刷：藝堂印刷（天津）有限公司
開　　本：710mm × 1000mm　1/16
印　　張：29.5
版　　次：2020年1月第1版
印　　次：2020年1月第1次印刷
書　　號：ISBN 978-7-5010-6360-4
定　　價：198.00圓（全二册）

前言

《讀書敏求記》四卷，清錢曾撰。所據底本爲清雍正四年（一七二六）吴興趙孟升松雲齋精刻本。半頁九行，行二十字，黑口，四周單邊，單魚尾。

錢曾（一六二九—一七〇一），字遵王，自號也是翁，又號貫花道人、述古主人。虞山（今江蘇常熟）人。少學於族祖謙益，謙益絳雲樓燼餘書籍及詩文稿悉付錢曾藏弆。故遵王家富圖籍，多蓄舊笈，其中有很多宋元刻本和精抄本，建書樓『述古堂』。另有『也是園』『莪匪樓』，成爲繼錢謙益絳雲樓和毛晋汲古閣之後的江南藏書名家。因錢曾述古堂藏書多善本，撰《讀書敏求記》，手所題識，識其源委，皆載其最佳之本，總計著録圖書六百三十四種。著録各書均標注卷帙完闕，作者名氏，古今异同，或述授受源流，或記考證評論，對於一書繕寫刊刻之工拙，版本優劣之辨别論述尤多。

此本卷端題『虞山錢遵王先生著　讀書敏求記　吴興趙氏松雪齋刊』，目録頁署『錢後人也是翁錢曾遵王』，目録頁版心下鎸『松雪齋』，正文版心中鎸書名、卷次及類目名稱。正文卷端署名『也是翁錢曾遵王』，目録及每卷末署『吴興趙孟升用亨校』。正文前有長城王豫（立甫）序，次雍正四年（一七二六）吴興趙孟升序，卷末有上海曹一士跋。王序詳述了此本成書及刊刻經過：『虞山錢遵王積書逾萬卷，其間宋元槧本爲多，因取今世俗本之脱謬顛倒者，手校之，凡是且非，如以匙勘鑰，復毛舉其目，各爲論次，著於録，得四卷，署曰：「敏求記」。而吾友用亨趙君爲刊鏤之，以行於戯道，成於學而藏於書。』趙序後有目録，凡分經、史、子、集四目。經目有六：禮樂、字學、韵書、書、數書、小學；史目有十：時令、器用、食經、種藝、豢養、傳記、譜牒、科第、地理輿圖、别志；子目有二十：雜家、農家、兵家、天文、五行、六壬、奇門、曆法、卜筮、星命、相法、宅經、葬書、醫家、針炙、本草方書、傷寒、攝生、藝術、類家；集目有四：詩集、總集、詩文評、詞。

《讀書敏求記》成書之後，僅有抄本流傳。錢曾逝世後，吴興趙孟升于雍正四年（一七二六）雕版印行，即爲此本。後又有乾隆十年（一七四五）嘉興沈尚杰刻本、道光五年（一八二五）儀徵阮福小琅嬛仙館刻本，及番禺潘仕成刻《海山仙館叢書》本、一九二六年長洲章鈺刊印校證本等。

《四庫全書總目提要》評價此書分門别目多有不解，配隸無緒，多有失當，編列失次，不一而足，并舉數例佐證。而其中解題，大略多論繕寫刊刻之工拙，於考證亦不甚留意。『然其述授受之源流，究繕刻之同异，見聞既博，辨别尤精。但以版本而論，亦可謂之賞鑒家矣。』

概言之，該書是我國最早的一部有解題的善本書目和版本學專著，繼承了前人特别是宋人的書目傳統，解題内容側重於版本鑒定，書中提出從版式、行款、字體、刀刻、紙墨等來判定雕印年代，在古籍版本學上多有開拓之功。

中國國家圖書館　徐慧

二〇一九年十月

虞山錢遵王積書逾万卷其間宋元槧本為多因取令毋俗本之脫謬顛倒者手挍之凡是且非如以匙勘鑰瀀毛舉其目各為論次著於錄得四卷署曰敏求記而吾友用亨趙君為刊鏤之以行於戲道成於

學而藏於書故索道于斯去者必究塗焉若遵王所為翫其華而已於學何補雖然顏之推嘗言之技正書籍亦何容易揚雄劉向方稱此職爾然則覽是書者毋輕議其離本飭末也

長城王豫立甫書

牧翁錢氏曰聚書不同有讀書者之聚書有聚書者之聚書而坡翁蘇氏曰諸子百家之書近歲轉相摹刻多而易致然更攷其時以聚書之富流傳紀乘者約略可屈指數如宋宣獻畢文簡王原叔錢穆父王仲至家暨荊南田氏

歷陽沈氏譙郡祁氏而已而顛錯叢麗亦滋滋有之惟吳中曾文彥和賀鑄方回二家書皆手自讐挍丹鉛儼然然則書雖易致而聚書者之雅難淂而持本讀新討源流而別黑白者之尤為難之難自古然矣我

國家文明之治與宋埒而聚書家之多則不啻百乎過之其發為高文典冊黼黻昇平者可不論遵王錢先生牧翁老孫子也以布衣聚書自人世諸閟記暨霞宮丹申汲冢覆釜諸等靡不備雅無謉宣獻文簡諸鉅公既已耿諸劊

見諸詩歌古文又恐其聚久必㪔等於烟雲之過眼復為推古商今書之於冊使人異家舛者豁然霧解所謂讀書敏求記是也蓋其精當寔有以勝彥和方回二家而不徒為聚書者之聚書如此余惜其尚未克流布通邑大都爰

付開雕氏以傳爲爲疏蘇氏
錢氏語於簡端以見聚書於
書易致之時尚難而讀書者
之聚書爲尤難而以著我
國家之盛於無窮也
雍正四年四月吴興趙孟升
書

讀書敏求記目録

錢後人也是翁錢曾遵王

卷三

天文

五行

六壬

奇門

曆法

卜筮

星命

相法

宅經

卷四

集

詩集

總集

詩文評

詞

吳興趙孟升用亨校

讀書敏求記卷第一

也是翁錢　曾　遵王

經

周易十卷

北宋刻本經傳一之六王弼註繫傳七之八說卦序卦雜卦九韓康伯註畧例十邢璹註卷首有貞元伯雅二圖記知是鳳洲先生藏書也

京氏易傳三卷

京氏易傳陸績註予藏舊抄本四種其一書法

甚佳

關氏易傳二卷

關朗易傳天水趙蕤註秦酉岩取楊五川陳抱冲兩先生善本對録者爲第一

程伊川易傳六卷

有宋談易諸家尚占者宗康節以義理爲虛文尚辭者宗伊川以象數爲末伎義畫周經判然兩途矣晦菴曰易傳不看本文亦自成一書蓋得程子之深者也經籍志載十卷吾家所藏宋

剡本止六卷今考程朱傳義後二卷小序曰程先生無繫詞說卦序卦雜卦全解東萊精義載先生解并及遺書今並編入續六十四卦之後題之曰後傳廣程朱二先生皆有全易云則是予所藏六卷爲程氏原書而後傳乃據精義遺書攙入者端臨通考亦未爲核也尋討伊川本旨爲之掩卷憮然

慈湖書二十卷

此爲楊慈湖易傳其逐卷簡端所題如此

藕東坡易解九卷

明初人鈔本繕寫極精好

朱子周易本義十二卷

伏羲始畫八卦因而重之有六十四卦而未有辭也文王作上下經乃始有辭孔子作十翼彖傳二象傳二繫辭二文言說卦序卦雜卦各一其辭乃備然辭本于象象本于畫易之理盡于畫豈可捨象而專論辭之理哉漢去古未遠諸儒訓解多論象數蓋有所本而云然耳自費直

之易行至魏王弼爲之註而韓康伯繼之取孔
子之傳附于每卦之下欲學者兩讀以就其註
經傳混淆沿襲至隋唐莫之或改也唐太宗命
諸名儒定九經正義易註則取王韓孔穎達輩
以爲時所尚遂著爲定論古易本旨之沉晦不
能明久矣有宋呂汲公王原叔晁以道李巽岩
呂東萊諸公皆以分經合傳非古而吳仁傑祝
與權編周易古經則極論王弼之失至朱子斷
然主經傳釐而晰之于是古周易之序次曉然

共白于後世俞琰熊過之徒始知取道適從矣然學易者精微之旨無過輔嗣康伯宋儒往往抹摋之此則宋儒之過也

胡方平易學啓蒙通釋二卷

易有象數明于象數而後易可讀啓蒙專明象數蓋爲讀本義者作耳胡方平通釋之象本圖書而形于卦畫數衍蓍策而達于變占易之體用全矣昔楊文貞公得此書于伯氏無何失去伯氏聞之不樂至形諸詬詈昔人矜重書籍如

此後學勿漫觀之

俞琰周易集說

俞玉吾讀易三十餘年終日不食終夜不寢覃精研思以致力于此然後命筆成書稿凡四更并取繫辭傳說卦序卦雜卦等篇攷竄皆畢名曰周易集說從來讀易之士無有終身以之若是者也或疑上經卦三十下經卦三十四多寡不均玉吾謂卦有對體有覆體上下皆約為十八無有不均條晰精確而上下之篇定又謂文

王之辭謂之經孔子之辭謂之傳傳辭所以釋經也經有彖辭即文王所繫于卦下之辭孔子釋文王卦下之辭而傳述其意故謂之彖傳古者經與傳各爲一書自費直以傳觧經其後鄭玄以彖傳連經文然猶若今之乾卦次序至王弼乃自坤卦始每卦以彖傳聯綴于彖辭之後又加以彖曰二字後人遂不謂之彖傳而直謂之彖則文王之彖辭謂之何哉又按陸德明釋文梁武帝言文言文王所制玉吾謂梁武之說

必有所據則彖辭爻辭皆文王之言而孔子傳述之古易題曰文言傳良是矣又云爻傳者孔子釋文王爻辭而傳述其意王弼分附于諸爻之下更以象辭置爻辭之前又于象辭并爻辭之首皆冠以象曰二字於是後人以象辭爲大象爻辭爲小象而爻象則謂之象傳其謬甚矣世無有一人正之者何耶今用古易爻象例不以附經而自爲一篇庶幾六爻連屬而文義不間斷云嗟嗟自古及今談易者紛如何人究心

及此玉吾獨能發千古未發之秘決千古未決之疑孔父韋編三絶南園俞氏之易學可無愧心矣予故服膺其書而於諸家之易說備之以俟參考焉

周易乾鑿度二卷

乾鑿度鄭氏注大輅爲椎輪之始其殆邵子皇極經世之先資歟

乾坤鑿度二卷

制詞古奥非後人所能措手此等書唯宋本行

次恰當爲妙嘗以四明范欽訂刊者對之不獨字句譌謬中間紊亂失序脫郤原意因歎古書未易付剞劂非淺人可鮮耳

衛元嵩元包經傳四卷

元包卦首于坤義主歸藏中多奇字非釋音不可讀唐蘇源明爲之傳李江爲之注紹興年間南陽張洸跋其父景初所藏本鏤板傳諸世

張行成元包數總義二卷

行成謂天下之象生于數而數生于理蘇源明

李江之傳注徒言其理而未達其數乃徧採古之言易者旁通元包之旨以示同好云

麻衣道者正易心法一卷

正易心法希夷受并消息正謂卦畫若今經書正文也據周孔辭傳亦是注脚每章四句者心法也訓于其下消息也李潛云道者謂之廬山異人文公先生極辨其謬謂如雷自天下而發山自天上而墜之類皆無理妄談後假守南康見前湘陰主簿戴思愈首及易說語無倫次後

至其家見其案間所著雜書宛然麻衣語氣以是始疑前時所料三五十年以來者即是此老然是時戴病已昏不久即死遂不復可窮詰矣偶閲此書并識文公語于後

古三墳書三卷

三墳山氣形也元豊七年毛漸正仲奉使京西得之唐州民舍晁公武以爲僞鄭夾漈以爲真世自有辨之者紹興十七年五月重五日三衢沈斐刻于婺州學中即此本也

時瀾增定東萊書說三十五卷

朱子曰呂伯恭解書自洛誥始大愚叟曰伯氏太史尚書說自秦誓至洛誥凡十八篇己亥冬口授諸生而筆之册者也伯氏下世書及三禮皆未及次第考論是東萊原未有成書而時瀾所謂親承脩定之旨不過記憶舊聞直以己意足成其書耳覽者宜有辨焉

毛詩鄭氏箋二十卷

南宋刻本首載毛詩舉要圖

成伯瑜毛詩指說一卷

分興述解說傳受文體四篇亦約畧指說之無異聞特解也乾道壬辰建安熊克題于後

歐陽氏詩本義十五卷鄭氏詩譜補亡一卷

詩自齊魯韓三家俱亡而毛萇之傳獨存其作序之人無明文可考鄭氏謂毛公始以寘之詩之首盖自漢經師相傳授其去作詩時未甚遠序之有功于詩而不可廢也審矣宋儒安得狃一巳之私指摘作序者之或有小疵乎詩譜補

亡後序云後之學者因迹前世之所傳而較其得失或有之矣若使徒抱焚餘殘脫之經倀倀于去聖人千百年後不見先儒中間之說而欲特立一家之學者果有能哉吾未之信也歐公此言深中宋儒說詩之病亦見公之虛心經學如此故此書逐章先論毛鄭之得失而後申之以本義末三卷備著義解論問等篇復以鄭氏詩譜補亡終焉蓋歐公于詩詳說有年其論云察其美刺知其善惡以爲勸戒所謂聖人之志

者本也求聖人之意達詩人之旨者經師之本也此本義所由作也昔吾友馮定遠以詩世其家學得乎三百篇者深嘗語予曰六義中興爲意興之興而宋儒作興起之興豈不可笑因抵掌極論之嗟乎斯人今也則亡其聲音笑貌顯顯然在目中每尋味其緒言爲泣下不能已因附識之於此

王質詩總聞二十卷

王質汶陽人其書分十聞一聞音二聞訓三聞

章四聞句五聞字六聞物七聞用八聞跡九聞事十聞人又斷之以總聞趙清常從閣宋本鈔録惜缺二十餘葉藏書家無從借補俟更覔之

毛詩要義四十卷

此書二十卷每卷分上下目後載序譜趙清常從閣本鈔録其中脫簡仍如之

許謙詩集傳名物鈔十二卷

朱子之學一傳爲何基王柏再傳爲金履祥許謙授受相傳白雲一代大儒其于詩專宗朱子

况掃毛鄭之説未知今之三百篇果非夫子之舊歟抑桑中溱洧諸篇夫子刪詩竟不辨爲淫佚之什而采之歟退何彼穠矣甘棠于王風削去野有死麕其卓識遠過于夫子歟子曰多聞闕疑聖人且云然而後學反立已見以疑聖人非予所敢信也

春秋經傳集解三十卷

南宋刻本首列二十國年表音義視他本較詳初學集載牧翁所跋宋板左傳其經傳十四至

三十卷已歸天上圖說二卷經傳一至十三卷尚存人間幸爲予得之覆視跋語所云在在處處應有神物護持良不虛也墨蹟如新古香馡薆遂本前後葉每條註某本作某字應從某本是正此等書勿論其全不全譬諸藏古玩家收得柴窰殘器半片便奉爲天球拱璧而況鎮庫典籍乎

陸淳春秋微旨三本

內閣藏本予從曹秋岳先生借録

陸淳春秋啖趙纂例十卷辨疑十卷

昌黎寄盧仝詩春秋五傳束高閣獨抱遺經究終始三傳之重于漢而輕于唐其來漸矣啖助趙匡欲舍傳以求經岸然多所去取陸淳奉其說爲纂例爲辨疑柳子厚見其書恒願埽于陸先生之門可謂傾倒時人至矣然後來學者往往鑿空好新立私說以解春秋出主入奴茫無的質直有高束三傳之慮其殆啖趙爲之嚆矢歟

孫覺春秋經解十五卷

莘老游于安定之門著經解行世初王安石釋春秋未成見此書而甚之因詆聖經爲腐爛朝報龜山先生稱莘老片言寸簡皆足垂世況成書耶嘉定丙子汪綱題而刻之新安

孫復春秋尊王發微十二卷

孫復明復以春秋教授生徒于泰山之下著尊王發微撥棄三傳自立褒貶君子嘉其志而惜之春秋所以有棄灰璅法之譏也

陳止齋春秋後傳十二卷

此書大旨詳于樓玫瑰序中茶陵所刻字多訛舛此則勤德堂刊本也止齋尚有左氏章指一書俟續求之

王當春秋臣傳三十卷

採左氏諸臣始末每人掇拾成一小傳逐卷後有總贊簡勁明潔有古良史之遺風

俞臯春秋集傳釋義十二卷

先取各家注釋以己意採集于前申之以程子

之言後詳列三傳胡氏傳使人得備覽而尋繹其說元刻中之佳者

趙汸春秋師說三卷

子常游楚望之門得益春秋爲多故次其師說十一篇以成是書楚望云學春秋當以三傳爲主而三傳之中又當據左氏事實以求聖人旨意之所歸蓋其中自有脈絡可尋人自不肯細意推求耳旨哉斯語一洗唐宋來舍傳求經之妄論矣

趙汸春秋金鎻匙一卷

是書曾于牧翁書架上見之後不知散佚何處

此則焦氏家藏舊鈔本也

春王正月考前卷春王正月考辨疑後卷

宋儒致疑于春王正月紛如聚訟云夏正得天

乃百王所同是以有冬不可爲春之疑云夫子

嘗以行夏之時告顔子是以有夏時冠周月之

疑云漢武以夏時首寅月于今莫之或改是以

傳書者有改正朔不改月數之疑而又有春秋

用夏之時夏之月之疑疑愈甚則説愈多説愈多而儒者之惑終不可解良可喟也晉安張呂寧以春秋經登泰定丁卯李黼榜進士讀書淮南者十餘年歷稽經史傳記及古注疏并劉向周春夏冬、陳寵天以爲正周以爲春之説比觀朱子晚年定論參錯辨核斷以春王正月之春爲周之時洪武二年夏奉使安南假館命筆勤成一書明年庚戌春始卒業踰月疾革而逝宣德元年丙午其孫隆恐手澤泯而無傳依舊本

摹寫刊行予昔侍牧翁于雲上軒晨夕伏承緒言每嘆此書絶佳問津知塗幸免冥行擿埴皆先生之訓也撫卷流涕者久之

春秋公羊經傳何休解詁十二卷釋文一卷

此北宋槧本之精絶者故附釋文于經傳後若南宋人鏤刻便散入逐條注下矣

韋昭注國語二十一卷

吾家所藏國語有二一從明道二年刻本影鈔一是宋公序補音南宋槧本間以二本參閲明

道本周語云昔我先王世后稷注曰后君也稷官也則是昔我先王世君此稷之官也考之史記周本紀亦然而公序本直云昔我先世后稷讀者習焉不察幾謂爲周家之后稷矣襄王二十四年秦師將襲鄭過周國門左右皆免冑而下拜注曰言免冑則不解甲而拜蓋介冑之士不拜秦師反是所謂無禮則脫也公序本又失去拜字與註文大相違背微明道本于何正之今世所行國語皆從公序本翻雕知二字之亡

來久矣

儀禮經傳通解二十三卷儀禮集傳集註十四卷

朱子謂六經之道同歸而禮樂之用爲急遭秦滅學禮樂先壞其頗存者三禮而已周官一書固爲禮之綱領至儀法度數則儀禮乃其本經而禮記郊特牲冠義等篇乃其義疏耳前此猶有三禮通禮學究諸科士得以誦習而知其說王安石變亂舊制廢儀禮而獨存禮記之科遺本宗末其失已甚因以儀禮爲經而取禮記及

諸經史雜言所載有及于禮者皆附本經之下具列注疏諸儒之說摭家禮五鄉禮三學禮十一邦國禮四共二十三卷曰儀禮經傳通解王朝禮十四卷曰儀禮集傳集注刋于南康道院此書卷帙煩重脫誤弘多獨此本逐一補録完罕有錯簡脫字今之藏書家恐未必細心緝訂如此也識者其詳辨之

儀禮經傳通解續二十九卷

朱子晚年著經傳通解屬藁甫定而歿未成喪

癸二門嘗以規摹次第屬之門人黃幹勉齋俾爲類次嘉定癸未四明張虙來南康知勉齋此槀在南劒陳史君宓處以書索來凡二十九卷校刻之并前書傳于世焦氏經籍志混稱朱子通釋二十三卷續編二十九卷不分勉齋續槀之詳今黃俞邰周雪客徵刻書目因之是殆未取原書覆閱也

大戴記十三卷

始三十九篇終八十一篇頳川韓元吉論之詳

矣此爲元人鈔本卷首有至正甲午十二月朔不知何人序

何晏論語集解十卷

童年讀史記孔子世家引子貢曰夫子之文章可得聞也夫子之言天道與性命弗可得聞也已又讀漢書列傳四十三卷贊引子貢云夫子之言性與天道不可得而聞已矣竊疑古文論語與今本少異然亦無從辨究也後得高麗鈔本何晏論語集解檢閱此句與漢書傳贊適合

因思子貢嘗曰寓嗟嘆意于不可得聞中同顏子之如有所立卓爾故以已矣傳言外微旨若脫此二字便作了語殊無低徊未忍已之情矣他如與朋友交言而不信乎等句俱應從高麗本爲是此書乃遼海道蕭公諱應宮監軍朝鮮時所得甲午初夏予以重價購之于公之仍孫不啻獲一珍珠船也筆畫奇古如六朝初唐人隸書碑版居然東國舊鈔行間所注字中華罕有識之者洵爲書庫中奇本末二行云堺浦道

祐居士重新命工鏤梓正平甲辰五月吉日謹誌未知正平是朝鮮何時年號俟續考之蕭公幼時與吾曾祖侍御秀峰公同居邑之西鄉每相約入城歸時對坐殿橋上携象戲下三四局趣望城中而歎死如魚鱗他時何地受一壥着我兩人耶後竟各遂其志蕭居城東吾祖居城西高門棹楔衡宇相望未及百年而蕭氏式微吾祖後蘭錡依然風流未艾循覽此書迴環祖德子孫其念之哉子孫其敬之哉

論語筆解十卷

許勃云昌黎著論語筆解其間翺曰者蓋李習之交相明辨非獨韓制此書也

孟子註疏十四卷

孟子注疏是叢書堂録本簡端五行爲匏翁手筆古人于疏注皆命侍史繕寫爲好書之勤若是間以監本建本校對踳繆脫落乃知匏翁抄此爲不徒也

孫奭孟子音義二卷

孫宣公以張鎰丁公著二家所音孟子未精當質之經訓證以字書成音義二卷孫奭曰孟子見梁惠王見梁襄王並當與暴見于王他日見于王同音現宣公前二見字無音學者相承如字讀非也予學識淺鮮未知通人以爲然否漢書藝文志儒家孟子十一篇宋時館閣中尚有外書四篇曰性善辨曰文說曰孝經曰爲政或疑合之可如藝文志之數今觀此書後附孟子篇叙音義曰此趙氏述孟子七篇所以相次叙

之意則知外篇乃後儒掇集雖亡來已久不存可也篇叙世罕之見藏書家宜廣其傳勿易視之

王肅註家語十卷

此從東坡居士所藏宋槧本繕寫流俗本註中脫誤弘多幾不堪讀予昔藏南宋刻亦不如此本之佳也

孔子集語二卷

淳祐丙午稽山書院山長薛據裒聚孔子集語

成二十篇其所引尚書大傳金樓子等書今皆不可得見方山吳岫藏書多舊人鈔本此其一也

陸德明經典釋文三十卷

吾友葉林宗篤好奇書古帖搜訪不遺餘力每見案頭一帙必假歸躬自繕寫篝燈命筆夜分不休我兩人獲得秘册即互相傳録雖昏夜叩門兩家童子聞聲知之好事極矣林宗殁余哭之慟爲文以祭之曰昔我與君定交杵臼奇文

同賞疑義相剖春日班荆夜雨剪韭君書我書君酒我酒墊巾步屧頻煩往來尺號問字一日幾迴安榴之館酸棗之臺握手談讌私心徘徊應氏樵蘓麗家雞黍互作主賓莫辨爾汝剪燭連床共期古處陶陶尹班永夕絮語疇昔之日經過池上啜茗噉酥鬢眉歷朗簷花窺人園禽弄響指點光風君懷愴恨云胡别去曾未浹旬溘先朝露命委窮塵我初聞訃如毒蓼辛嗷然一哭痛絶斯人退筆棲床鈔書盈笥摒當殘帙

狼藉古字問君囊篋如是而已藐孤始孩寡妻何倚一棺棲室瓦燈閃影靈衣披披孤冤耿耿冥漠幽壤誰憐夜永老屋繐帷風凄月冷絮酒沃酹涕泗重泉少微星象夜隱江天宿素凋謝氣運推遷永懷終古神聖綿綿君亡來三十餘年徧訪海内收藏家罕有如君之真知真好者每嘆讀書種子幾乎滅絶矣此書原本從絳雲樓北宋槧本影摹逾年卒業不惜費不計日毫髮親爲是正非篤信好學者孰能之君殁後予

從君之介弟石君借來石君卓識洽聞著史論甚佳交予如林宗亦不可謂之兩人也予述此書所自而題語專屬林宗或冀後日君托此書以傳不至名氏翳如是予之願耳然予言不文何足爲君重且其傳不傳有數焉聊以寫予衷而已

列謬正俗八卷

楊庭表上其父師古所撰匡謬正俗云藁草纔半部帙未終謹遵先範分爲八卷汪應宸謂此

書尚非定本題所疑于尾如論語後不朱標毛詩字等類頗爲有識讀者勿以其跋語也而漫視之

劉敞七經小傳三卷

七經者尚書毛詩周禮儀禮禮記公羊論語也此是先生偶拈幾則未成書而傳之後非獨有取于七經耳辟彊主人云雖新刻最爲罕遇

十一經問對五卷

十一經者論語孝經孟子大學中庸尚書毛詩

周禮儀禮春秋禮記也皆設爲問答之詞不脫宋人窠臼然禮記中大學中庸兩篇河南程子始分爲二書而此竟同禮記列爲三經者何也

禮樂

文公家禮十卷

文公居母喪盡哀自初死以至祥禫祭酌古今之宜成喪葬祭禮又推之于冠昏共成一編名曰家禮書初成失之至殁後始出楊復惜其未嘗再加審定因採諸家議論有以發明家禮之

意者附註逐條下并載諸圖而劉垓又增注之覽者得詳考焉

夏時正士禮儀舉要九卷

時正謂文公家禮未脫藁而佚亡後雖出而行于世寔是文公未成之書因取家禮儀禮節舉其要集成一編

龔端禮五服圖解一卷

五服列五門每門立男女已未成人之科分正加降義四等之服分章劃圖泰定元年嘉興路

牒呈此書于江浙行省移咨中書照詳端禮于至順年間以布衣上書皇帝誠有心當世之士而沉淪不遇可惜也

聖宋皇祐新樂圖記三卷

宋仁宗景祐三年二月詔阮逸胡瑗較定鍾律蓋以李照樂穿鑿也至皇祐二年閏十一月置詳定大樂局其鍾弇而直聲鬱不發著作佐郎劉羲叟曰此謂害金帝將獲心腹之疾已而果然則是羲叟審音更出逸瑗之上當時何以不

令義叟同較定耶此從閣本鈔出閣本乃直齋陳伯玉先生嘉熙己亥良月借虎丘寺本録葢當時所賜藏之名山者也末用蘄州觀察使印長貳押字志須降歲月直齋又云生平每見承平故物輒慨然起敬恨生不于其時嗟嗟劫燒之餘閣本已不可問獨此尚在人間覽之亦有直無承平故物之感

蔡氏律吕本原一卷律吕辨證一卷

蔡氏建陽蔡元定季常也文公極稱許之此從

閣本録出清常道人手爲校正

朱長文琴史六卷

長文字伯原人稱樂圃先生此書序于元豐七年上自帝堯下至宋趙抃凡有涉于絃徽間者逐卷裒次而牧翁録其中董庭蘭一則以辨房琯之受誣最爲有識他如宋太祖謂五絃之琴文武加之以成七乃留睿思而究遺音作爲九絃之琴五絃之阮苟非伯原此書不復知琴有九絃者矣又加竇儼上䟽周世宗凡三絃之通

七絃之琴十三絃之箏二十絃之離二十五絃之瑟三漏之籥六漏之喬七漏之笛八漏之篪十三管之和十七管之笙十九管之巢二十三管之簫皆列譜録偶記得古人小李毛女詩雲裏巢笙喚崔騎曉然巢笙兩物也學人不多讀書展卷茫然幾何而不靣墻乎

太音大全五卷

凡琴之制度考訂咸備焉鏤圖樸雅援据該洽琴譜中可爲集大成矣

臞仙琴阮啓蒙譜一卷

阮咸惡琵琶音繁乃躬自製阮恐後世不知所始即以已姓名之晉風既泯阮之失傳久矣臞仙創爲此制更造譜以行于世

字學

說文解字三十卷標目一卷

漢太尉祭酒許慎記說文解字唐大曆中經李陽氷刊定徐鉉以陽氷頗排斥許氏自爲臆說復加詳考是正慎時未有反切今悉依孫愐唐

韵爲定九十四篇又序目一篇鉉謂編帙繁重每篇各分上下共三十卷許冲序云立一爲耑據形系聯引而申之以究萬原畢終于亥知化窮冥此始一終亥原本之所由佳也宋人檮昧欲便于檢閱妄以一東二冬依韻分之大失許氏原書之本旨其戹更甚于秦坑焚燎矣

徐鍇說文解字繫傳四十卷

簡端題云文林郎守秘書省校書郎臣徐鍇傳釋蓋楚金仕江左是書曾經進覽故結銜如此

嘉祐中宋鄭公曰繫傳該洽無比小徐學問文章才敏皆優于其兄何以後人稱道反出其兄下子容曰楚金少年早卒鼎臣歸朝後士大夫從學者衆宜乎名高一時鄭公歎賞之以爲評論精語今觀此書通釋三十卷部敘二卷通論三卷袪妄類聚錯綜疑義系述各一卷而總名之繫傳者葢尊叔重之書爲經而自比于丘明之爲春秋作傳也部叙究竟始一終亥之義袪妄直指陽氷之惑參而觀之字學於焉集大成

楚金直許氏之功臣矣惜乎流傳絶少世罕有覯之者當李巽岩時蒐訪歲久僅得七八闕卷誤字又無所是正而况後之學人年代寖遠何從覯其全本乎此等書應有神物護呵留心籍氏者勿謂述古書庫中無驚人秘笈也

郭忠恕汗簡七卷

上中下各分二卷末卷爲畧例目録李建中序爲郭宗正忠恕撰引用七十二家事蹟其體例倣說文故以目録置卷尾辱守居士云此書亦

有不可予意據如沔汸字俱從水今沔從丏汸
從方膌應從月而入脊部郤應從邑而入谷部
駃應從馬而入史部朽應從木而入丂部等類
雖因古文字少未免援文就部以足其數而核
其實則非也孱守居士爲吾友馮舒巳蒼別號
癸巳老人藏書率多異本吾邑之宿素也

增廣鐘鼎篆韻七卷

政和中王楚作鐘鼎篆韻薛尚功重廣之臨江
楊鉤信文博採金石奇古之蹟益以奉符黨氏

韻補所未備係篆文于唐韵下而以象形奇字等篇終焉馮子振云漢有古文尚書唐明皇以隸楷易之儒者不識古文自開元始宋景文公筆記記故人楊備得古文尚書釋文讀之驚喜自爾書訊刺字皆用古文當時咸不之識遂有怪人之目信文得無亦作怪人耶此書序後有洪熙侯書籍印章摹寫精妙凡楊增俱用朱印界之以識增廣之意蓋内府所傳本也

李從舟字通一卷

彭城李肩吾以點畫偏旁粹類成書魏了翁爲之序

龍龕手鑑四卷

燕僧行均字廣濟俗姓于氏編龍龕手鑑以平上去入爲次隨部復用四聲列之計二萬六千四百三十餘字注一十六萬三千四百餘字統和十五年丁酉七月初一癸亥燕臺憫忠寺沙門智光字法炬爲之序按耶律隆緒統和丁酉宋太宗至道三年也是時契丹母后稱制國勢

强盛日尋干戈唯以侵宋爲事而一時名僧開士相與探學古文穿貫線之花翻多羅之葉鏤板製序垂此書于永久豈可以其隔絶中國而易之乎沈存中言契丹書禁甚嚴傳入中國者法皆死今此本獨流傳于劫火洞燒之餘序杪龕簡靈光巍然洵希世之珍也

吾衍續古篆韻六卷

衍字子行其生平見潛溪傳中此則趙靈均手鈔本小宛堂中藏書也

吾衍學古編一卷

私印之作絶盛于元子行獨精其藝覩其三十五舉深心篆籀之學能變宋末鍾鼎圖書之謬故子昂亦效其法虞揭諸公皆愛重之人品高潔非獨游於藝以成名也

魏莊渠六書精蘊音釋一卷

此於六書之學詳考極佳尚是徐元懋手寫藁本後附莊渠先生親筆書四紙亦墨莊中一古物也

从古正文一卷

篆文正楷點畫不容少差此書存其遺跡且依韵易檢焦弱矦藏茹真生手録本徐元懋卬史極稱之

百壽字圖一卷

百壽字紹定己丑静江令史渭剌于夫子岩正德丁卯昆明趙壁又得二十四體編成一書可謂無體不具矣宜附古文奇字之後

韻書

古文四聲韻五卷

慶曆四年二月夏竦新集古文四聲韻序之以進前列所引書今無一存者矣序文脱字甚多俟博訪藏書家全本補録之

司馬温公切韵指掌圖一卷

温公以三十六字母約三百八十四聲别爲二十圖縱横上下旁通曲暢律度精密最爲捷徑嗟乎韵學之廢久矣士人溺于章句如温公所云覽古篇奇字往往有含糊囁嚅之狀良可憫

也

經史正音切韻指南一卷

至元二年丙子良月關中劉鑑士明序云僕于暇日因其舊制次成十六通進攝作檢韻之法詳分門類并私入玄關六段末兼附字音動靜爲斯文之一助耳

古四聲等子一卷

即劉士明切韻指南曾一經翻刻冠以元人熊澤民序而易其名相傳等子造于觀音故鄭夾

潾云切韻之學起自西域今僧徒尚有習之者而學士大夫論及反切便瞪目無語相視以爲絕學矣

直指玉鑰匙門法一卷

大慈仁寺僧訥菴老人直空謂劉士明所製門法始于音和終于外内僅十三條辭意高深學者未易入且篇以門法爲允不可無鑰匙以啓其關鍵故爲此書又加直指二字見明且易焉

韻畧易通一卷

正統壬戌九月和光道大止菴編韻畧易通成而序之編以早梅詩一首凡二十字爲字毋標題于上即各韻平聲爲子調子下得一平聲字則上去入一以貫之故曰易通又分前十韻爲四聲全者後十韻爲無入聲者覽之心目了然止菴不知何人觀其書可以免羊芋之笑矣

孫吾與韻會定正四卷

國初閣本影鈔豐城孫吾與撰平聲不分上下别作一公二居三觚四江等二十五韻上聲別

作一礦二矩三古四港等二十五韻去聲別作一貢二據三固四絳等二十五韻入聲別作一穀二覺三葛四曷等一十三韻反切不用沈約韻母時露西江土音予未之敢以爲允也吾與字子初國初爲太常博士今題名録以字行并爲正之

書

石鼓文音釋一卷

石鼓之辨明矣韓愈以爲宣王鼓韋應物以爲

文王鼓鄭樵以爲秦鼓僞刻宇文泰指爲後周物潘廸薛尚功皆有音訓而以胡作翊以幢作蕃學者病之楊愼得東坡本于李文正公篆籀特全音釋兼具恐其本隻存久而失傳焉爲序其所由來刋行于世

集古目録三卷

歐陽集古目隨得隨録不復證次宋刻原本如此今人以時代次第之失公初意矣

隸釋二十七卷

隸釋七百一十餘葉杜村先生手筆雲浦子盛時泰題于後古人于書率多自鈔相傳徐髯仙有宋槧本甚精妙後歸毛青城載還蜀中前輩好書風流洵可慕也

隸續二十卷

隸釋有續前後二十一卷乾道戊子始刻十卷于越淳熙丁酉姑蘇范至能增刻四卷于蜀後二年雲川李秀叔又增五卷于越明年錫山尤延之刻二卷于江東倉臺而彙其板合之越此

景伯之自題若是嗟乎一書之付剞劂遼緩歲月以潰于成奈何世罕其傳元泰定間刻本亦止前七卷知此書之亡來久矣景伯又集字同體異參差不可齊者倚聲而彙之曰隸韵予家有其半洵宋榻中之奇寶也

金石錄三十卷

金石錄清照序之極詳其搜訪可謂不遺餘力而予所藏宋榻章仇府君碑爲明誠所未見信乎碑版之難窮矣昔者吾友馮硯祥有不全宋

槧本刻一圖記曰金石録十卷人家長箋短札帖尾書頭每每用之亦藝林中一美談也

鄭杓衍極五卷

莆田鄭杓子經述劉有定能静釋蒐討古今書法源流成一家言龍溪令趙敬叔爲之鋟梓以傳

二王帖目録評釋三卷

取羲獻之書散于各帖者彙而合之附諸家評釋于逐條後卷尾有許開題跋然不收保母帖

恐遺漏者尚多俟續考之

書斷列傳三卷雜編一卷

此是舊鈔本刊于百川學海中者行次失欵且多譌字以此參校可耳

雪菴字要一卷

當塗詹恩好作大字得詹孟舉墨蹟五字實學之後見雪菴大字書法傳其規矩于世雪菴能捽襟勤式傳陳宏道之教取永字八法變化爲二十四法序作于至大元年菊月望日自署圓

悟慈慧禪師資善大夫昭文館大學士李浦光
雪菴其結銜如此後人稱爲雪菴和尚葢有以
也

數書

王孝通緝古算經一卷
孝通唐通直郎太史丞其上言云伏尋九章商
功篇有平地役功受袤之術至于上寬下狹前
高後卑正經之内闕而不論使今代之人不達
深理因晝思夜想遂于平地之餘續狹斜之法

凡二十術名曰緝古如有排其一字者謝以千金斯可爲篤信而自專矣

孫子算經三卷

孫子算未詳何代人李淳風等奉勑注釋元豐九年七月葉祖洽上進

夏侯陽算經三卷

算數起自伏羲而黄帝定三數爲十等隸首因著九章陽尋覽古今差互謹録異同列爲三卷

張丘建筭經三卷

丘建清河人甄鸞注經李淳風等注釋劉孝孫撰細草原其大槩序列諸分之本元宣明約通之要法上寔有餘爲分于下法從而爲分母不務煩重庶其易曉耳

五曹算經五卷

五曹者田曹兵曹集曹倉曹金曹也生人之本上用天道下分地利故田曹爲首既有田疇必資人功故以兵曹次之既有人衆必用食飲故以集曹次之衆既會集必務儲蓄故倉曹次之

倉廩貨幣交質變易故金曹次之

數書九章十八卷

數書九章淳祐七年魯郡秦九韶撰清常道人從會稽王應遴借閣鈔本校錄

李治測圓海鏡十二卷

敬齋病革語其子克脩曰吾生平著述死後可盡燔去獨測圓海鏡雖九九小數精心致力後世必有知之者嗟嗟昔人成一藝篤信守死而後已今人留心學問奈何半途而廢乎

顧應祥測圓海鏡分類擇術十卷

箬溪道人謂欒城李學士所著如平方立方三乘方帶從減從益廉減廉正隅負隅諸法以積求形者皆盡之矣但每條下細草俱徑立天圓一反復合之而無下手之術故每章去其細草立一算術又以其所立通勾邊股之屬各以類分之於是李公之術益便于下學矣

李冶益古衍段三卷

元人有以方圖移補成編號古集大小六十四

問敬齋惜其未盡剖露爲之移補條段細翻圖式目曰益古衍段使後人易曉亦數家之一助也

小學

郭璞注爾雅三卷

六畜字本作嘼後人借畜養字用之故麋鹿虎豹育于山澤者歸之釋獸馬牛羊狗爲人所養者歸之釋畜若一概以獸例之謬矣讀爾雅宜熟精其義勿但以終軍辨鼠爲能事也此本逐

卷後附音釋殊便覽者

羅願爾雅翼三十二卷

羅願新安人七歲爲賁草賦南渡後文章人頗推之淳熙乙巳卒于知鄂州之明年故世稱爲羅鄂州此書于草木鳥獸蟲魚之類正名辨物貫穿百家可謂該洽矣昌黎云爾雅注蟲魚定非磊落人予就存齋觀之殊不以此語爲然

博雅十卷

魏博士張揖採蒼雅遺文不在爾雅者爲書名

曰廣雅表上之隋曹憲因其說附以音解避煬帝諱更爲博雅正德乙亥支硎山人手跋此本云士人袁飛卿有此書求之半載童子數往返始得繕録徵白金五十星乃去錢物可得書不可得雖費當勿校耳山人惜逸其氏名亦一佳士也

方言十三卷

舊藏宋刻本方言牧翁爲予題跋紙墨絶佳後歸之季滄葦此則正德巳巳從宋本手影舊鈔

也二卷中吴有館娃之宫秦有㮾娥之臺俗本脱去秦有二字馮已蒼嘗笑曰幷㮾娥而吴之矣劉子駿從子雲取方言入籙貢之縣官子雲荅書君必欲脅之以威凌之以武則縊死以從命古人務重著述如此千載而下猶爲穆然起敬也

奇字訓釋一卷

書成于宋孝宗淳熙戊申不著名氏萬花谷後附者非完書覽者其辨之

李成巳小學書纂疏四卷

文公先生取古禮之宜于今者編小學內篇復選漢唐迄元宋賢人君子之嘉言善行爲小學外篇秦儒李成巳友仁于註解內複加註解前後三百八十五章增衍正義洛陽薛延年又創纂小學書舉要圖冠于前予覽之竊嘆古人分年課程八歲入小學十五歲入大學循循善誘無躁進弋獲之弊輓世道之衰後生小子汩没科舉之業不復知小學爲何書矣觀此能無愧

心乎

歷代蒙求一卷

汝南王芮撰括蒼鄭鎮孫纂注至順改元馬速忽守新安見是書命郡教授王子宜鋟梓以廣其傳

讀書敏求記卷一

吳興趙孟升用亨校字

讀書敏求記卷第二

也是翁錢曾遵王

史

史記一百三十卷

唐尊老子爲玄元皇帝開元二十三年勑升于史記列傳之首處伯夷上予昔藏宋刻史記有四而開元本亦其一焉今此本乃集諸宋板共成一書小大長短各種咸備李沂公取桐絲之精者雜綴爲一琴謂之百衲予亦戲名此爲百

衲本史記以發同人一笑焉

王偁東都事略

東都事略宋刻僅見此本先君最所寶愛縈本樓牙籤萬軸獨闕此書牧翁屢求不獲心頗嗛焉先君家道中落要索頻煩始終不忍捐棄吾子孫其慎守之勿失

資治通鑑二百九十四卷

溫公脩通鑑成自言惟王勝之一讀他人讀未終卷已欠申思睡矣當公世而云然無怪乎後

之諛聞小生拾一芝蘇終便侈談今古也此爲吾鄉顧塵客先生所披閱先生諱大章字伯欽與楊左諸公同受奄禍名在斗杓當其入詔獄時有芝生一莖六瓣兆六君子之祥雖天公亦爲之告異今觀先生點定此書自始至終詳整無一懈筆心細如髮晏居不苟如此允爲王勝之後之一人矣吾家通鑑有大字宋本復有宋人手披者半部刻鏤精工烏絲外標題週遭殆遍尚是宋人裝潢未經今人攙釘者然總不若

此本之矜重吾輩當盥頮莊拜而後讀如臧榮緒之于五經可耳

劉知幾史通二十卷

陸文裕公刻蜀本史通其補註因習曲筆鑒識四篇殘脫疑誤不可復讀文裕題其篇末而無從是正舉世罕覯全書殊可惜也此本于脫簡處一一補録完好又經前輩勘對精允凡標題行間者皆另出手眼覽之眞有頭白汗青之感

胡一桂十七史纂古今通要十七卷

宋以來論史家汗牛充棟率多龐雜可議以其不討論之過也馮定遠曰蘓子由論劉先主云用孔明非將也據蜀非地也考蜀志孔明在先主時未嘗爲將至南征始自將耳先主若不據蜀則何地自容此豈非不討論之過乎胡庭芳纂此書論議頗精允絶非宋儒偶見者可比一覽令人于古今興亡理亂了然胷次朱子稱稽古録其言如桑麻穀粟曰小兒讀六經了好令接續讀去予于此書亦云然但以昭烈繼建安

一祖朱子綱目予不敢謂溫公正統爲非請俟百世之君子討論可耳

通鑑博論三卷

通鑑博論聖祖命寧王權編輯洪武二十九年九月十七日書成表進下卷圖格中獨于至正二十六年丙午書廖永忠沉韓林兒于瓜步大明惡永忠之不義後賜死牧翁云此蓋寧王奉聖祖意特標此一段以垂示千萬世不然安敢以開國大事自立斷案乎予謂沉于瓜步記其

地也大明惡永忠之不義痛絶之也後賜死明
當時未敝厥辜而後終以此正其罪也此非寧
王之書法而聖祖之書法也德慶一案盡此二
十一字中又何他辭之説歟

臞仙史畧二卷

賢王奉藩多暇惇詩説禮者有之貫穿歷代興
亡提綱舉要較其良惡千古瞭如指掌葢未有
如寧王者元順帝爲合尊之子牧翁取余應詩
與權衡大事記疏通證明之作瀛國公事實而

此直揭云爲宋幼子明宗養爲巳子又云初明宗出獵回遇大風雨見寺中火光往視之乃宋幼子后產明宗取而育之以爲巳子及長文宗忌之貶高麗遷静江臞仙之説庚申帝正所謂大書特書不一書而巳也晉書于小吏牛氏諱而不没其實當時修元史諸公何以見不及此牧翁列朝詩集小序中詳載臞仙著述而獨遺史畧且書瀛國公事又不援引其言以實之豈當時未獲見此本歟

吳越備史四卷

今本吳越備史武肅十九世孫德洪所刋序稱忠懿事止于戊辰因命門人馬藎臣續第六卷爲補遺予暇日以家藏舊本校閱之知其刻之非也是書爲范坰林禹所撰稱忠懿爲今元帥吳越國王自乾祐戊申至端拱戊子紀王事終始歷然新刻則于乾德四年後序次紊亂脫誤弘多翻以開寶二年後事爲補遺他如王因衣錦城被寇命同玄先生閭丘方遠建下元金籙

醮于東府龍瑞宫其夕大雪陞醮壇上星斗燦然一黑虎蹲宫門外罷醮而去羅隱師事方遠執弟子禮甚恭及遲釋迦建浮圖以供之其制度皆出王之心匠諸事皆失載其字句紕繆處又不知幾何也蓋德洪當日所見乃零斷殘本實非完書以家王故事急付剞劂未遑細心參考耳

錢氏私誌一卷

宋太尉德慶軍節度使錢愐纂輯愐爲彭城王

第三子昭陵之甥故記熙寧尚主王仙求嗣事獨詳其稱大父寶閣知台州回者乃冀國公諱暄字載陽以父蔭累官駕部郎中知撫州移台州進少府監權鹽鐵副使時也彭城王諱景臻字道邃冀國第九子建炎二年追封故稱先王俗子以爲起居舍人彦遠之筆不知彦遠乃忠遜之孫翰林學士易之子與彭城爲再從叔侄世次犁然安得反有先王之稱豈非大謬乎書此以訂証之

陸游南唐書十八卷戚光音釋一卷

務觀南唐書詳核有法卷例俱遵史漢體首行書某紀某傳卷第幾而注南唐書于下今流俗抄本竟稱南唐書本紀卷第一卷二三列傳亦如之開卷便見其謬可一噱也是本後附戚光音釋甚佳光嘗輯金陵志搜訪文獻大有考證爲當時所稱許藏書家尠有知其氏名者矣

龍衮江南野史十卷

記南唐君臣事蹟頗詳其行文亦贍雅有致

釣磯立談一卷

叟爲山東人不著名氏清泰年中避地江表營釣磯以自隱李氏亡國追記南唐興廢事得百二十餘疏于此書序云文懿子山之麗興哀則有之才愧士衡之多辨亡亦幾矣讀之頗爲泫然

封氏聞見記十卷

孱守居士從吴岫本錄于空居閣趙清常本有雲間夏庭芝至正辛丑跋語吴郡朱良育與唐

子畏借鈔前五卷又與栁大中借鈔後五卷其第七卷止存末後兩葉餘則均之闕如也貴與經籍志云五卷不知所據何本耳

孫光憲北夢瑣言二十卷

華亭孫道明手鈔本録每事前列一題流俗本通行削去其間紙繆脫落又不待言矣

宇文懋昭大金國志四十卷

宇文懋昭于端平元年表上所輯大金國志懋昭竊禄金朝爲淮西歸正人宋改授承事郎工

部架閣其所載誓書下直書差康王出質且詳列北遷宗族等于獻俘可謂無禮于其君至矣敢于表上其書而端平君臣竟漫置不省何也

葉隆禮契丹國志二十七卷

隆禮書法謹嚴筆力詳贍洵有良史之風具載兩國誓書及南北通使禮物蓋深有慨于海上之盟使讀者尋其意于言外耳棄祖宗之宿好結虎狼之新歡自撤籓籬孰當扞蔽青城之禍詳其流毒寔有隱痛焉存遼以障金此則隆禮

之志也至夷契丹爲國不史而志之其尊本朝也至矣予特表而出之

劉祁歸潛志十四卷

序文及首卷乃陸孟鳧先生手録先生曩日視予爲忘年小友居去予舍一牛鳴地奇書轉假未嘗三日不相見也此爲先生所贈金渾源劉祁京叔著京叔以布衣遨遊士大夫間文章驚暴一時爲遺山諸公所推挹築堂曰歸潛因以名其書所記多金源遗事後之脩史者足徵焉

周雪客黄俞卲徵刻書目曰八卷殆未見全書歟

庚申帝史外聞見録二卷

權衡字以制吉安人編緝元順帝三十六年事筆之于書曰庚申帝史外聞見録所記瀛國公生男明宗求之爲子事甚悉其繫帝于庚申者葢以制之微詞也先君廣覔是書僅見之眉公秘笈中脱落舛誤十亡其五予後得完本繕寫藏弃惜先君之不及見每撿此書卽爲泣下如

兩

歷代紀年十卷

晁氏歷代紀年始之于正統次之于封建僭據再次之以盜賊夷狄道里而後以歷代年號終焉晁公諱公邁字伯咎纂輯此書凡節目之大而關于體統者可以槪見紹興壬子樂清包履常爲之鋟本以傳

歷代紀元録一卷

録自漢武帝至元順帝止別録自王莽至明昇

止又按雲南自唐世爲蒙氏所據至元始郡縣之其間蒙段二氏雖互有興滅然諸夷若安南日本渤海等國亦嘗紀元未有如雲南之盛者特備録之

歷代紀年曆七卷

起自唐虞至明隆慶元年紀載頗詳有以六字爲年號者如南詔隺拓王法之貞明承智大同夏趙元昊之天授禮法延祚李秉常之天賜禮盛國慶等類是也

綱鑑甲子圖一卷

周威烈王元年丙辰至明崇禎十七年甲申共二千六十九年概括于八葉之中殊便撿閲也

西漢會要七十卷

嘉定四年九月十一日徐天麟上進李訦戴溪爲序崇禎巳巳閏月二日先君校完題于後是年八月揆予初度撫今追昔爲泫然者久之

東漢會要四十卷

寶慶二年六月二十二日徐天麟上進葉時序

云仲祥父子伯仲俱刻意史學各有書行于世

仲祥天麟字也

唐會要一百卷

王溥撰建隆二年二月奏御明初人鈔絳雲藏

本勘過

五代會要三十卷

王溥纂凡五代儀物章程官名文法因革損益

之由多可于此考見

孫逢吉職官分紀五十卷

富春孫彥同廣楊侃職林而成是書清常道人惜舊鈔譌謬借金陵焦太史本讐勘而焦本亦多殘缺復賴此本是正之清常又從書賈搜得宋槧本第七卷補訂入前輩好書之勤如此嘶予空蝗粱黍展卷便欠申思睡每睹清常手校書籍未嘗不汗下如漿也

政和五禮新儀二百四十卷目録六卷

首卷冠以御製序題政和心元三月一日不知心元何謂次九卷御筆指揮次十卷御製冠禮

其二百二十卷乃鄭居中等所編政和三年四月廿九日進呈者也𠛬子云悉禀訓指靡所建明殆有微意與目録六卷文獻通考謂五卷者誤

大金集禮四十卷

首列太祖太宗即位儀諸凡朝家大典輿服制度禮文莫不班班可考嗟乎杞宋無徵子之所歎金源有人勒成一代掌故後之考文者宜依倣編集以詔來葉此書諸家目録俱不載藏書

家亦無有畜之者尚是金人鈔本撫卷有諸夏之亡之慨

國初祭享儀注十卷

國初祭享一天地二太廟三社稷四山川五歷代帝王六孝陵七孔廟八五祀九龍江壇十真武寶公此永樂正位南畿猶未都燕時之儀注也真武則出自成祖之獨裁寶公則猶是高皇之遺命禮文秩然樂章和雅國初大儒命筆簡盡如此

鹵簿圖一卷

此是國初常朝鹵簿圖按三輔黃圖云天子出車駕次第謂之鹵簿而唐制四品以上咸給鹵簿則鹵簿者君臣皆得通稱矣宋王欽若爲鹵簿記元曾巽申爲鹵簿圖今失傳内閣書目有宋宣和鹵簿圖九册金天聖間宋綬撰集宣和蔡攸等重脩凡三十五卷又有大駕鹵簿一册中宫鹵簿一册俱畫本内府之珍人間罕覩更不知圖繪爲何等也

司馬氏書儀十卷

第一卷詳列表奏公文私書家書之式餘九卷備述冠昏喪祭之儀前序云是書爲經世之防範禮法之大端士大夫家採摭行之于名教豈曰小補哉溫公尚有家範十卷與此並藏諸書塾可耳

浦江鄭氏旌義類編一卷

鄭氏世居浦江縣東二十五里鄉名感德里曰仁義其遠祖冲素處士綺自宋建炎初同居至

元末已十世歷二百六十餘年守詩書禮樂之教弗墜是編則其六世孫太和録家範五十八則七世孫鉉補續一百餘則八世孫濤又因時損益之總一百六十八則勒成一書以訓子弟君子於此有感焉聖經脩身齊家之道終古無能行之如此此其久者而鄭氏子孫世守勿替迄今循覽斯編雖百世而下得不爲之興起乎

韓氏祭用古今家祭禮一卷

魏公得秘閣所有御史鄭正則祠享儀御史孟

詵家祭禮殿中御史范正傳寢堂時享儀汝南周元陽祭錄京兆武功尉賈氏家薦儀金吾衛倉曹參軍徐潤家祭儀撿校散騎常侍孫日用仲享儀凡七家採舊說之可行酌時俗之難廢者以人情斷之成十三篇名參用古今家祭儀而魯齋門人王仁頗致疑于祭儀一節男女拜位東西相向與他書為少異意公必有所據耳

魯班營造正式六卷

畧說云班周時人妻雲氏居江西隆興府地名

市縱予觀其規矩繩尺誠千古良工之範圍然此等書皆後人僞作非真出于班也

李誠營造法式三十六卷

營造法式三十四卷目録看詳二卷牧翁得之天水長公圖樣界畫最爲難事已丑春予以四十千從牧翁購歸牧翁又藏梁谿故家鏤本庚寅冬不戒于火縹囊緗帙盡爲六丁取去獨此本流傳人間真希世之寶也誠字明仲所著書有續山海經十卷古篆説文十卷續同姓名録

二卷琵琶録三卷馬經三卷六博經二卷今俱失傳附識此以示藏書家互蒐討之

傅霖刑統賦一卷楊淵刑統續賦一卷

刑統賦藏本有二一是延祐丙辰刻本東原郄氏韻釋趙孟頫序後有李方中韻釋刑統續賦一是至正壬辰鈔本鄒人孟奎解沈維時序

時令

夏小正戴氏傳四卷

夏小正大戴禮之篇名也政和中山陰傅崧卿

從其外兄闕澮得之闕本合傳爲一卷不著作
傳人名氏崧卿倣左氏春秋列正文于前而附
以傳月爲一篇凡十有二篇釐爲四卷重刋于
至大元年

宗懍荆楚歲時記一卷

杜公瞻注流俗本正文與注混淆此則舊本也

陳元靚歲時廣記四卷

首列圖說分四時爲四卷諸書之有涉于節序
者搜討殆徧亦可入之小類家元靚南宋人自

稱廣寒仙裔朱鑑劉沲爲之序

韓諤歲華紀麗七卷

此是舊鈔卷終闕字數行又失去末葉無從補入後見章丘李中麓藏宋刻本脱落正同知是此本之祖葢因歲久墨敝紙渝字跡不可捫揣故鈔本仍之耳

費著歲華記麗補一卷

費著元人記成都歲時嬉遊之盛予得之于癸巳老人命侍史重録之

臞仙運化元樞一卷

月十有二而成歲其盈虚消長之數有差候氣之運各異涵虚子謂飲食起居必順天道以寧化育故纂此書以備月覽于攝生之道可謂詳矣前載歲占圖後附天地混元之數及三元八會等辰其以中元爲丁令威救母之日釋氏謂之目蓮未悉其所本何自姑識于此以俟博聞者

李泰四時氣候四卷

書成于洪熙乙巳刋于景泰乙亥視前人訓釋

月令頗加詳焉

器用

鄭文寶傳國璽譜一卷

嘉靖辛丑刻于金閶此乃舊鈔也

玉璽傳聞一卷

卷終一行阜昌宋隆夫書不知何人内稱大元

皇帝則爲元人無疑後有匏菴先生跋語清常

道人得之赤岸李氏

考古圖十卷續考古圖五卷釋文一卷

汲郡呂大臨論次考古圖成并識古器所藏于目録後秘閣太常内藏外列三十七家即後記謂閣之士大夫得傳摹圖寫者葢非朝伊夕矣其續圖五卷釋文一卷文獻通考俱不載豈貴與暨諸藏書家都未見此本耶間以元刻讎校牴牾脫落幾不成書此係北宋鏤板予得之梁溪顧脩遠洵縹囊中異物也後爲季滄葦借去屢索不還耿耿掛胸臆者數年滄葦末此書歸

之徐乾菴子復從健菴借來躬自摹寫其圖象命良工繪畫不失毫髮楮墨更精于槧本閱之沾沾自喜嗟嗟此書得而失失而復得繕寫成帙予之嗜好可謂勤矣然聚散何常終歸一嘅學者唯以善讀爲善藏可耳

宣和重脩博古圖録三十卷

博古圖成于宣和年間而謂之重脩者蓋以採取黄長睿博古圖説在前也至大翻雕而仍謂之重脩宣和博古圖未知所脩何事循名責寔

豈不可笑是書雕造精工字法俱橅歐陽乃當
時名手所書非草草付諸剞劂者凡臣王巖撰
云云元板都爲削去殆以人廢書歟

泉志十五卷

泉志鄱陽洪遵撰嘉靖壬午秋茶夢菴鈔本

歷代錢譜一卷

元至大二年十月詔以歷代舊錢與新錢並行
是書成于三年季春

查考錢法一卷

萬曆乙巳清常道人校録孫蘭上本

文房四譜五卷

蘓易簡集文房四譜徐騎省序之云筆硯紙墨爲學所資不可斯須闕予亦好學者覽此書而珍之故爲文冠篇以示來者此序是牧翁手録通本皆經勘對疑誤讀者其善視之

硯箋四卷

硯箋四卷高似孫脩經籍志作一卷誤也晉人言吴融八韵賦古今無敵惜乎亡來已久此存

得古瓦研賦一篇歸然魯靈光矣

陸友墨史三卷

友字友仁蘇州人善爲歌詩工八分隸楷博極羣物闢小室僅可容膝清坐竟日自號硯北生著硯北雜志檇李項氏刋行之其原本今藏予家又著墨史纂魏晉宋墨法三人唐及五代墨工二十人宋一百七十人附以高麗契丹西域金國其搜訪可謂不遺餘力矣又云新羅墨有蠅飲其汁立斃者不知用何毒亦異聞也

陳氏香譜四卷

新纂香譜，河南陳敬子中編次，内府元人鈔本。凡古今香品、香異、諸家脩製、印篆、凝和、佩薰、塗傅等香，及餅煤、器珠、藥茶，以至事類、傳序、說銘、頌賦、詩，莫不網羅搜討，一一具載。熊朋來序之云：陳氏香譜自子中至浩卿，再世乃脫稾，可謂集大成矣。古人命筆雖小道，不敢聊爾成書。今人偶撮一二零斷香譜，刋入類書中，沾沾誇詡，真不滿鬻香長者之一笑也。書館琴窗，蕭晨良

夜靜對此譜如燒大象藏香一丸輿光綑雲覆

甘露味國爾時鼻觀先叅者爲何如也

弧矢譜一卷

詳論弓弩箭之制其稱蹺蹬弩張憲伏之于中

林而捉真珠即時俊用之于射猴關以敗四太

子殆是紹興年間經進之書也

食經

忽思慧飲膳正要三卷

予擬作一室額之曰養生主而列一聯于其旁

云也飲酒也啖肉素心何必素口自擔柴自運水勞力不肯勞神或甚之以遠庖廚之戒不覺失笑今觀忽思慧此書又與食肉者鄙之慮矣

易牙遺意二卷

予非知味者過屠門而大嚼固未必然但嘉賓互對促席行杯肴核方圓食单似不可不講此於蔬菜餚饌造法頗精緻其亦山家清供之一助歟

糖霜譜一卷

遂寧王灼晦叔撰書凡七篇古有柘漿蔗餳石蜜蔗酒而無糖霜唐太宗遣使至摩揭陀國取熬糖法亦似今之沙糖不言作霜也大曆間有僧號鄒和尚者登繖山結茅以居因取蔗糖爲霜流傳其法凡耕種蔗田事宜及糖霜户器用瑣碎採掇悉著于篇

種藝

陸脩靜靈芝瑞草象二卷

祥符元年王欽若獻芝草八千一百九十三本

又獻泰山芝草三萬八千餘本六年丁謂獻芝草三萬七千餘本七年又獻九萬五千本予每笑人主後言符瑞臣下貢諛者不獨野鳥可以爲鸞郎朝菌咸可名芝矣今觀脩静此圖令人興童初蕭閒之想良常有芝號螢火人得食一枚心中一孔明食七枚七孔明便能夜書宜補入此圖之後因思祥符君臣當時若見此書更不知作何等妄談也

白雲仙人靈草歌一卷

白雲仙人不知誰何圖靈草五十四種而附以歌皆世所未見未聞者苟非位秩仙班恐難遇此靈草也

玉蘂辨証一卷

玉蘂辨証舊藏宋刻後亦歸之泰興季氏此從宋刻摹寫者

瓊華集五卷

曹璿得寶祐維楊志知花始末編成新集首之以考證遺事繼之以詩文所載張三丰與丘汝

乘輦游蕃釐觀取水噀八仙變爲瓊華香聞十餘里三丰即于是夕遁去汝秉詩云不知今夕游何處引鶴同棲貫月槎其事獨見于此

瓊華考一卷

成化丁未四明楊端木輯瓊華考戚凡古今序記詩賦都爲一集流覽之餘恍如枯樹回春喚醒瓊華之夢也

俞貞木種樹書一卷

樊遲請學稼學圃夫子目之爲小人彼壠上輟

耕問園種菜者殆何如耶伊予樗櫟庸材爲時
所吐棄退而耕于野滌塲除地類老圃所爲瓜
塍豆籬參錯丁牛欄豚栅之旁中築室顏曰小
人齋時時偃息其所白木几上堆種樹篇採春
日記汝南圃史樹藝録等書隨意披覽煩遂息
機摧幢之志間或勤其肢體輒課督便了芟繁
治穢採掇嘉蔬碩果與婦子相顧而樂之更不
屑咏南山之萁豆擊缶而歌呼嗚嗚也或曰夫
子之稱小人猶佛家之謂小乘云爾鑿混沌者

一日鑿一竅至七日而混沌死予今蔽影蓬廬等諸逃虛空者棬龜殼而食蛤蜊期于汗漫游于九垓之外爲不可雕之朽木真混沌所弗如豈非小人之尤者歟借以名斯齋誰曰不宜予時方讀貞木書聽之听然笑推卷而起據槁梧以仰視雲漢松濤洒面不辨天首之爲乙爲鳧也聊識其語于卷末以記歲月云時乙丑重陽前一日

叅養

師曠禽經一卷

晉張華注從元鈔録出流俗本刋于百川學海中文注混淆改盡舊觀矣

鶻譜一卷

樗菴居士校獵平原知鷹之性能摶而不能擊鶻之性則擊摶皆能又知鶻類有二鵐鶻體小而胆勇性馴易調習兎鶻體大而性剛爲難調間有能者則逺勝于鵐鶻且深悉所以養飼調習形相美惡故著鶻譜十篇其十終以俊鶻擒

鷙二十圖圖各有名系以詩雖紀一時之典會亦可見永樂中隆平氣象奉藩多暇習騎射于田獵之中爲足樂也

古木古串鵓鴿論譜一卷

此内府藏本鴿房録出者其名自嘉興花劈破玉至臥泥挾翅共九十四種逐種詳論之據云直省異樣異色者盡于是噫亦奇矣

蟋蟀經二卷

蟋蟀經相傳賈秋壑所輯其于相辨喂養調治

之法咸備文詞頗雅馴牧翁詩中更籌帷幄選將登場句採其語也予昔藏徽藩芸窗道人五綵繪畫本爲季滄葦豪奪去茲則絳雲樓舊鈔本也

傳記

廣黃帝本行記一卷

唐閬州晉安縣主簿王瓘進述黃帝脩行道德諸事

軒轅黃帝傳一卷

闕撰者氏名注引劉恕外紀殆是宋人所著歟

漢武内傳一卷

孱守居士空居閣校本廣記删玄靈二曲及十二字篇目又脱朱鳥窗一叚對過始知此本爲完書

漢武外傳一卷

雜記漢武以後事雖名外傳實與漢武無涉

漢武故事二卷

一是錫山秦女操繡石書堂本與新刻頗異一

是陳文燭晦伯家本又與秦本互異今兩存之

虬鬚客傳一卷

楊彦淵筆録云口上曰髭頤下曰鬚在耳頰旁曰髯上連髮曰鬢髯之不混鬚也明矣漢朱傳傳奮髯抵几蜀志猶未及髯之絶倫逸羣黄香責髯奴辭離離若緣坡之竹鬱鬱若春田之苗古人描寫髯之脩美並未言其虬也老杜八哀詩虬鬚似太宗酉陽雜俎太宗虬鬚常戲張掛弓矢南部新書太宗文皇帝虬鬚上可掛一弓

蓋亂鬚字之有本若此今人安得妄改爲虬髯客乎考其繆始于紅拂傳奇流俗承譌已久故書以正之

費樞廉吏傳二卷

天地穢濁之氣生凶庸貪猥之徒凡弱下愚之類以敗壞國家未有甚于宋之政宣年間者也成都費樞秉經摭傳類次廉吏傳成序于宣和巳巳其言曰邇者奸臣當路群枉並進官以賄授冗濫多門漢世贓吏禁錮子孫三世不得入

仕今願以此爲獻果哉費君敢言不避權惡志
在疾世憂國借此書以寓激揚之意夫豈無謂
而苟作者何邦基云載公孫弘而不没其忌害
之實載牛僧孺而不舍其朋黨之罪所學實有
以助史官之賞罰是又淺之乎其知之矣

謝諤孝史五十卷

謝諤孝史君紀五卷后德一卷宗表四卷臣傳
三十五卷婦則二卷文類二卷夷附一卷總計
五十卷并序目淳熙十五年三月八日狀奏投

進教授臣張綱校正作後序此書世罕其傳予從印宋本抄録藏之家塾以示子孫歐陽玄序番易楊玄翁忠史嘉其是非枉直瞭然不繆于古人且謂是書果行書之幸世之幸也予於孝史亦云

葛洪神仙傳十卷

袁陶齋藏書後歸秦四麟又玄齋流傳至胤伽居士春雪樓三君皆好古碩士所藏率多舊鈔本故其書正定可傳覽者勿忽之

眞仙體道通鑑前集三十六卷後集六卷

前集軒轅皇帝至趙元陽止後集無上元君至孫仙姑止蓋以女仙故而爲之區分也浮雲山道士趙道一編脩前有表進之昊天上帝未免浮而夸矣

重編義勇武安王集二卷

辛丑孟冬初旬吾邑西鄉迎關神賽會先期王示夢里人云紅豆莊有警廿八至初二須往護持過此方許出會是日牧翁赴李石臺使君之

約入城止宿山莊其夜盜至而公無虞王之靈實芘焉公齋心著是書者葢所以答神佑也元季巴郡胡琦編刻關王事蹟嘉靖四年高陵呂柟復校次刋之名義勇武安王集公取二書次第釐定考正删補而謂之重編者因名仍呂公之舊耳公又取錢唐羅貫中撰通俗演義三國志及内府元人雜劇摭拾其與史傳牴牾者力爲舉正而予于此亦有疑焉神座右塑立周倉像傳來甚久遍考書史絶無其人僅見于小説

傳奇那可爲據今王之廟貌徧天下罕有梜及此者何也且如桓侯字益德内府板演義傳尚未之改而流俗本竟刋爲翼德豈不可笑或有爲之説者曰桓侯名飛揆厥字義焉知非翼德乎予笑語之曰如子云云豈獨桓矦宜此字卽王之諱羽亦應移此字字之矣其人憮㦬而去并書之以發一笑

祠山事要指掌集八卷

嘉熙己亥三山周秉秀纂類一世系二封爵次

序三顯應事迹四正訛五祠宇六生辰七事始附雜編入威濟侯方使者王諱渤清河張氏相傳生于漢代吳興郡烏程橫山人也王一妃二夫人九弟五子一女八孫集載之甚詳洵爲祠山典故惜乎世罕其本人見之者尠耳

雷神紀事二卷

此書載雷神出處甚詳靈異可怪按太平寰宇記貞觀八年改東合州爲雷州雷公廟在州西南七里咸通十二年置並未及雷神事止云俗

候雷時具酒肴奠焉法甚嚴謹有以彘肉雜置食者霹靂即至是神之肹蠁亘古如一也宋元時封誥班班可考飛來鍮鼓猶在廟中後人焉得以語怪誣之但紀事云神生于漢朝未知古聖人烈風雷雨弗迷迅雷風烈必變彼時司之者又何神也

廣異記六卷

杜詩諸將篇昔日玉魚蒙葬地以此書劉門奴事註之流俗本誤爲明奴非也考之廣記善本

亦然丙午夏滄葦邀予渡江校刊牧翁草堂箋注日長苦志數月始潰于成後偶以事還家忽爲妄庸子改作明奴且行間多以方空界字可恨也

李翱卓異記一卷

開成五年翱在檀溪述虛舟道人云蕭氏自瑀至遘八葉宰相閥閱之盛有唐莫與之比而卓異記不及何耶按翺書成于文帝時焉能下記宣懿僖三朝事虛舟之䟦殆亦未之思也歟

樂史廣卓異記二十卷目錄一卷

樂史集漢魏以來至五代卓異事都爲一集撮神仙殊異者附于後惜其所撰續唐卓異記三卷失傳爲恨耳

古列女傳七卷續列女傳一卷

顏氏家訓云劉向所造其子歆又作頌終于趙悼后而傳有更始韓夫人明德馬后及梁夫人嫕皆後人所羼非本文也今此本始于有虞二妃至趙悼后號古列女傳周郊婦至東漢梁嫕

等以時次之别爲一篇號續列女傳頌義大序列于目録前小序七篇散見目録中間頌見各人傳後而傳各有圖卷首標題晉大司馬参軍顧愷之圖畫葢顔氏所云而蕘子容嘗見江南人家舊本其畫爲古佩服各題其頌像側者與此恰相符合定爲古本無疑千載而下覩此得存古人形容儀法真奇書也牧翁亂後入燕得于南城廢殿卷末一條云一本永樂二年七月二十五日蘇叔敬買到當時採訪書籍必貼進

買人氏名鄭重不苟如此内府珍藏流落人間展轉得歸于予不勝百六飆廻之感

孟姜女集二卷

世傳孟姜女爲范杞梁妻予暇日考之葢所謂俗語不寔流爲丹青者此類是也傳襄公二十三年莒子獲杞梁齊侯歸遇杞梁之妻于郊使弔之辭曰有先人之敝廬在杜注杞梁即杞植劉向列女傳莊公襲莒杞梁戰死妻無子枕其夫之屍于城下而哭十日而城爲之崩既葬曰

吾何歸矣赴淄水死君子稱其貞而知禮是杞梁去于築城時已三百四十餘年安得以此牽合耶考孟子正義亦有或云其妻孟姜之説譌以傳譌知其來已久然謂或云者正疑而未必之辭斷不得即以范姓加之杞梁也今此集云女姓姜楚地澧人行一故曰孟姜秦始皇築長城夫范郎往赴其役久不歸製寒衣躬往送之至則范已死痛哭城崩瀝血求夫骨函歸行至同官山力竭死土人即其遺骸立祠以祀之自

元及明季詩文盈帙盡畧杞梁之名而獨稱范郎者殆有所考而云然歟千百年來廟貌猶新靈異如昨一種貞烈之氣自在天壤間予故録而存焉

譜牒

東家雜記三卷

牧翁書趙太史魯游藁後亟稱東家雜記祖庭廣記諸書而惜予之未見也壬戌冬日葉九來過訪草堂云有宋槧本東家雜記因假借繕寫

此書爲先聖四十七代孫孔傳所編首列杏壇圖説記夫子車從出國東門因觀杏壇歷級而上顧弟子曰兹魯將臧文仲誓將之壇也覩物思人命琴而歌其歌曰寒暑往來春復秋夕陽西去水東流將軍戰馬今何在野草閑花滿地愁考諸家琴史俱失載附録于此詳其語意未知果爲夫子之歌否也

孔氏家譜一卷

先聖四十九代孫莘夫名瑰宋乾道二年任臨

川丞遂家于此爲臨川始遷祖正德癸酉吾虞陳言知撫州編此序之蓋孔氏臨川族譜也

漢天師世家一卷

嗣漢四十二代天師冲虛子命傳同虛編次宋潛溪序其簡端其子耆山公又自爲序以行紀載詳贍中稱三十代天師諱繼先者宋崇寧二年投符解州鹽池磔蛟死水裔上問用何將隨召關羽見于殿左上驚擲崇寧錢與之曰以此封汝世因祀爲崇寧真君可補神逵之闕遺也

科第

紹興十八年同年小録

唐末進士不第坎壈失職如王仙芝輩倡亂而敬翔李振之徒亦皆進士之不得志者宋祖深鑒其故廣開科舉之途開寶二年三月壬寅朔詔禮部閱貢士十五舉以上曾終場者具名以聞特恩各賜本科出身此特奏之所由始也景德二年三月丁巳李廸等進士及第賜特奏名五舉以上本科六十四人三傳十八人同學究

二十二人三禮四十四人年老授將作監主簿三十一人特奏之名所由立也祥符八年又以人多而裁抑之特奏名並赴殿試是後循以爲例故終宋之世其禍患皆起于夷狄而中國士子雖潦倒場屋窮老盡氣無自棄于盗賊如唐末之亂者此録後列特奏名一人殆猶存告朔餼羊之遺意與第五甲第九十名朱熹字元晦小名沈郎小字季延王同執記其詳于耳譚中余考宋朝登科録唯此與寶祐四年者僅存則

知此錄之傳葢以文公故而垂之久遠耳

寶祐四年登科錄

困學紀聞云唐制舉之名多至八十有六故當時謂之科目自王安石罷諸科後之進士有科而無目矣今寶祐四年登科錄宋末稱爲文天祥榜進士葢制科以人爲重也明太祖洪武四年十七年開科十八年會試循元舊例作經疑試士至二十一年始定三場之制三百年來燈窗小生熟爛時藝影掠論策剌取榮名利祿自

通籍以還未聞仕優則學之大夫是又人以制科爲重而非制科以人爲重也久矣先正丘文莊公言士子有登名前列不知史册名目朝代先後字書偏傍者可不憫哉可不嘆哉大有爲之君作師于上做漢唐宋射策决科詩賦取士之法一洗制義陋習重輿儒雅豈非斯文之大幸歟

地理輿圖

太平寰宇記二百卷目録一卷

樂史序云從梁至周郡國割據更名易地暮四朝三撰太平寰宇記自河南周于海外君賈躭之漏落吉甫之闕遺此盡收焉予攷之唐分天下爲十道後又分山南江南爲東西道古今山河兩戒之區別至于斯爲盡善而此書因之且較詳于九域志宜乎樂史之自以爲無掛漏也祝穆方輿勝覽止南渡半壁天下識者能無輿小朝廷之慨乎

王象之輿圖紀勝二百卷

紀勝者凡山川人物碑刻題詠無不蒐集首臨安以尊行在而幅員之版圖未復者不與焉亦祝穆之例也鏤刻精雅楮墨如新乃宋本中之佳者

酈道元註水經四十卷

昔者陸孟鳧先生有影鈔宋刻水經注與吾家藏本相同後多宋板題跋一葉不著名氏余因録之其跋云水經舊有三十卷刋于成都府學宮元祐二年春運判孫公始得善本于何聖從

家以舊編校之纔三分之一耳乃與運使晏公委官校正募工鏤版完缺補漏比舊本凡益編一十有二共成四十卷其編帙小失次第先後咸以何氏本爲正元祐二年八月初一日記詳觀跋語是本在當時蓋稱完善惜後人無翻雕之者余故備録此跋以告世之藏書家

分野一卷

以九州配周天度數而以十二時分十二分野隸之以二十八宿離之合之規布星辰于指掌

之中真奇書也

大明清類天文分野書二十四卷

晉天文志十二次分野始角亢者以東方蒼龍爲之首也唐十二次始女虛危者以十二支子爲之首也今以斗牛爲星分之首者日月五星起于斗宿古之言天者由斗牛以紀星故曰星紀則星紀爲十二紀之首而斗牛又二十八舍之首也此書聖祖命屬藁于犂眉公鐵冠道人洪武十七年甲子閏十月二十七日進始于斗

牛吳越分野首著開天之神功終以雲漢之末派龜魚麗焉即一書之始終可作運命論讀矣後之脩明史者于此徵輿地志更何煩他求乎

范成大吳郡志五十卷

石湖著吳郡志成郡守具本欲刻時有求附其事于籍而弗得者譁曰非公之筆刻遂中止書藏學宮紹定初元李壽朋以尚書郎出守始增所缺遺訂其脫誤而刋行之宋槧本書籍注中有注者惟此及高誘戰國策他則未之見也

渚宫舊事五卷

余知渚宫舊事十卷今止存前五卷餘五卷亡來久矣

葛洪西京雜記二卷

後序云此兩卷在洪巾箱中甞以自隨則原書爲二卷無疑流俗本妄分六卷繆甚矣章丘李中麓所藏卷仍上下但每事標題又分自甲至癸殆猶存子駿漢書之舊與俟博識者詳論之

建康實録二十卷

建康楚金陵邑秦改秣陵吳改建業晉愍帝諱業又改爲建康元帝即位稱建康宮五代仍之許嵩舉吳首事之年通西晉革吳以迄南朝事勒成一書名曰建康實録黃子羽藏嘉祐年間鏤本吾猶及見之此則子羽家小胥所鈔也

楊衒之洛陽伽藍記五卷

清常道人跋云歲己亥覽吳琯刻古今逸史中洛陽伽藍記讀未數字輙齟齬不可句因購得陳錫玄秦酉岩顧寧宇孫蘭公四家鈔本改其

譌者四百八十八字增其脫者三百廿字丙午又得舊刻本校于燕山龍驤邸中復改正五十餘字凡歷八載始爲完書清常言讐勘之難如此予嘗論牧翁絳雲樓讀書者之藏書也清常殁書盡歸牧翁武康山中白晝鬼哭嗜書之精靈若是伊予腹笥單踈囊無任敬子之異本又何敢厠于墨莊藝圃之列然絳雲一燼之後凡清常手校秘鈔書都未爲六丁取去牧翁悉作蔡邕之贈天殆留此以佽助予之詩注耶何其

幸哉又何其幸哉

夢華録十卷

幽蘭居士孟元老追叙東京舊遊編次成集緬懷曩昔如今華胥夢覺因名夢華録書成于紹興丁卯去靖康丙午之明年又二十一年矣南渡君臣其猶有故都舊君之思如元老者乎劉屏山汴京絶句憶得少年多樂事夜深燈火上樊樓盖同一寤歎也予衰運晼晚情懷牢落回首淒然感慨尤甚于元老今閲此書等月光之

水但無人爲除去瓦礫耳

夢粱録二十卷

往予讀南濠文見其跋吳自牧夢粱録凡臨安時序土俗坊宇游戲之事罔不筆載葢繼元老夢華而作者私心竊慕之而未由覯其書乔季輦下還解裝出書二百餘帙邀予往視皆秘本也因笑曰僕頃游南昌空橐抵里途次作得詩三十餘首每詫于人此行可爲壯遊矣彼篩竿牘問苞苴纍纍若若者曾不以易我奚囊中物

也予今搜奇覽異捆載秘書而還視予幾窮途酸語所得不已遠乎季嘆曰浪迹兩年未嘗遇一真好書人歸而求之於予有餘師矣當悉索以供繕寫毋煩借書一瓻但視世之夢夢粥粥假牧兒之蓋而乞隣女之光者我兩人好尚之異同爲何如耶予因次第借歸自春徂秋十鈔五六夢粱錄亦其一焉嗟嗟近代藏書家推章丘李氏金陵焦氏王孫則西亭之萬卷堂汴亡竹居文史盡隨怒濤去矣灰劫之餘未知金陵

圖籍猶有存焉否今斧季所購乃中麓秘藏之物予不敢忘所自遂牽連書之如此

武林舊事十卷

武林舊事流俗本止六卷予從元人鈔仇先生所藏録得後四卷乾淳奉親之事今昔所無閲之不勝惋嘆後過吳門書肆又購得一本挍此添補數則并録入泗水潛夫前序一篇此書始無遺憾矣

陸游入蜀記六卷

放翁于乾道五年十二月六日得報差通判夔州以久病未堪遠役至次年閏五月十八日晚始即路十二月二十七早至夔州凡途中山川易險風俗淳漓及古今名勝戰爭之地無不排日記録一行役而留心世道如此後時家祭無忘蓋有素焉卷中所記慈老磯即南唐樊若冰獻策作浮梁渡王師處而宋史作樊若水未知孰是附識于此

古今輿地圖二卷

起帝嚳九州至元末羣雄悉以明朝華夷區域爲總要復朱界其間標舉歷代地理于上凡古今山水名及一行山河兩戒圖咸載焉昔謝莊分左氏經傳隨國立篇製成本方文圖山川土地各有分理離之則州別郡殊合之則宇内爲一後人嘆美之以爲絕學此書苦心志不減希逸惜乎名氏翳如爲之浩歎

統輿圖二卷

唐貞觀初因山川形便分天下爲十道一曰關

内二曰河南三曰河東四曰河北五曰山南六曰隴右七曰淮南八曰江南九曰劒南十曰嶺南開元二十一年又分山南江南爲東西道增黔中道及京畿都畿置十五採訪使簡察如漢刺史之職夫所謂江南東道理吳郡今蘇州也江南西道理豫章今南昌也是東西之分並在大江以南不得如今之但稱江西也元起朔漠四履所至比隆前代立中書省一行省十有八曰遼陽曰河南曰陝西曰四川曰甘肅曰雲南

曰江浙曰江西曰湖廣曰征東考江西之名省至是始大定迄因江南西道設省誤南字之謬耳不知南昌可稱江西則蘄州竟謂之江東可乎明興聖祖肇造區夏分天下爲兩京十三省獨江西之名仍其譌而弗改殊所不解然古今地圖莫詳于明代盖天下定于一幅員所被者廣耳吾家藏統輿圖南北直隸及各省郡縣以至邊防海道河圖運漕外國屬夷靡不考核焉圖如蚊睫字若蠅頭繕寫三年而後成彼柏翳

所圖章亥所步不出户庭而列萬里職方子八案間豈非大快事歟寶護此書便可壓倒海内藏書家非予之衒言也

一統輿圖一卷

輿圖桂萼撰兩京十三省四夷約而爲圖十六嘉靖八年六月初一日進呈奉旨謄寫副本留内閣

重譯圖經二卷

圖共一百三十有四五采繪画精妙絶倫博採

朝貢典録四夷考島夷志等成書棪而可稽昔人作王會圖亦不是過矣此等書人間絕少唯吾家有之披視之間洵足驚人蜾虫録雜採山海經異狀圖之不足存也

嶺海輿圖一卷

唐分廣南爲廣南東路廣南西路後人省文但稱廣東廣西如江西之例承譌襲謬其來已久無識者正之良可嘅也此稱嶺海輿圖莆田姚虞撰虞于嘉靖年間按部廣東著此書爲圖十

二名係以敘記其言雖簡而要者咸得考焉

虔臺撫屬地圖一卷

贛爲古之虔州國朝開府于此故稱虔臺東則福建漳南道汀州府八縣南則廣東嶺南道南韶道南雄府二縣韶州府六縣北則江南嶺北道湖西道南安州四縣贛州府十一縣吉安府五縣西則河南郴桂道郴州五縣皆撫屬之地長沙李崇鎮臨于此移行各道府縣詳考境内地形凾圖貼說彙成此帙六道七府州之險隘

瞭然如指諸掌矣

薊鎮東路圖册一卷

萬曆三十年二月副總兵麻承訓將所屬山右燕建四路自山海關南海口靖虜一號臺起至建昌路白道子地方交界白草窪一百四十五號臺止邊長丈尺臺墩烽堠一一畫圖貼說開報誠聚米畫笏之心事也

榆林全鎮圖說一卷

前有總圖後分極衝次衝諸圖榆林乃九邊保

障之首總轄三十六堡邊墻一千二百里余叔敏建設于前文巡撫增脩于後隆慶三年蒲坂馮舜漁著此圖說

三省礦防圖說一卷

三省者浙江南直隸江西也奸民礦徒往往嘯聚空掘隆慶元年頒行此圖説于各屬以稽考禁止之

建昌諸夷圖一卷

建昌所部夷九種嘉靖戊子夏備兵使上蔡周

汝勤適訪其風俗所尚并圖其形狀刻之

貴州諸夷圖一卷

貴藩叅議李公重刋貴州夷圖共三十五種宣德甲寅歲丑月徵右叅議清陽賈昭爲之序

雲南諸夷圖一卷

雲南夷三十七種舊有圖刋其爲官學佛漁獵貿易諸狀其部落種類質之勇怯心之慈暴與居處之險易各題于其上歲久漫漶布政使毘陵殷公請于黔國公重鋟諸梓宣德辛亥夏廵

按御史甌閩杜琮序其首

安南國志一卷

漢武平南越置交趾九真日南三郡光武時女子徵則徵貳反馬援討平之建炎中改爲兖州唐置都護府改爲安南梁貞明中曲承美楊廷藝皎公羡吴權相繼篡奪宋初丁璉據地入貢太祖封爲交趾郡王從此不入中國版圖者四百四十六年永樂初黎季犛弑君陳日焜誅戮陳氏殆盡二年老撾傳送故王之孫陳天平來

朝四年春季犛僞請天平還國至芹站伏兵殺之并使者大理寺卿薛嵓太宗震怒命成國公朱能新城侯張輔西平侯沐成出廣西雲南兩路討之親禡龍江誓師十月庚子能病卒于龍州輔代總其衆五年五月擒季犛父子獻俘詔求陳氏後無存者遂依漢唐時郡縣其地六年輔還進封英國公厥後交人簡定陳季擴鄧宗異輩徂詐屢叛復命輔討平之英國凡三下安南交人懾服遂留鎮其地十五年召還宣德元

年黎利反王通討之失利柳升中伏死沐晟兵觀望不前三年黎利上表僞稱立陳氏後英國公輔尚書蹇義夏原吉力爭以爲不可從大學士楊士奇楊榮引漢弃珠厓之説爲解上允其請君子嘆當時廟堂無卓識大臣命英國鎮交州如黔國之在雲南俾世守其土交人憚英國威名雖桀利何能爲乃以祖宗成業捐于謀國者之片言履霜堅氷後時咒水之禍飛走都窮真可爲痛哭者也黎利又稱陳氏絶種上心知

其妄然業已置之乃詔利署安南國事黎氏遂
世主其地正德十一年陳暠弒其主䁖自立莫
登庸逐之立䁖兄子譓無何登庸自僭爲安南
王上命咸寧侯仇鸞尚書毛伯温致討登庸父
子懼束身乞降詔赦登庸爲安南都統使世其
職萬曆間鄭檢父子立黎暉後誰渾爲主盡逐
莫氏遺孽誰渾遣使詣督臣歸罪二十四年受
降如登庸上亦詔之爲都統使葢安南自黎利
竊據以來叛服不一雖奉貢稱藩然自帝如趙

侘中國不得而主勞臣志士每興弃交州之歎鄧鍾序此稱失在召還新城侯復追思國初命將故事三致意焉于伏波英國輯爲圖志意念遠矣予今詳述安南始末于此書之後寔有隱恫焉悠悠我心千載而下誰則知之

朝鮮八道圖一卷

八道圖京畿道忠清道全羅道慶尚道江原道咸鏡道黄海道平安道前各係以圖後列州郡名下詳四至所刊頗效元和圖志例鏤板樸雅

繭紙堅緻裝潢悉依宋時工匠東國奉箕子風教留心圖籍其猶是古人之遺旨歟

日本圖纂一卷

鄭若曾從奉化人得倭國圖本持以詢諸使臣降夷通事大長之屬錯覈互訂頗得其真其于山川夷險風俗强弱技術巧拙器物精否部道驛户之詳與夫通貢入寇之路風汛逆順遲疾之期按圖可盡得其要領山陰王畿序之如此鄭子尚有萬里海防圖論俟更覓之

廬山圖一卷

圖尚總要故首之以總圖山勢四面皆奇非一圖可盡故次之以分圖山頂之攢峰叢嶺未及也廬山之勝在瀑布也故又次之以山頂之圖瀑布之圖三疊泉之奇更在瀑布上非圖家所能及故圖缺焉

黄山圖經一卷

黄山舊名黟山軒轅黄帝栖真之地當宣歙二郡唐天寶六年六月七日勅改爲黄山今名圖

經尊此書也予注牧翁游黃山詩大半取此披覽全圖直神游于三十六峰之間矣

勞山仙蹟詩一卷

丘長春詩三十餘首王重陽馬丹陽劉朗然各數首是集人間絕少萬曆乙卯趙清常借柏臺靖恭堂本繕寫

台山靈異録一卷

瓊臺山人龎櫟輯古今靈異圖志二十餘事編成此書

别志

高麗圖經四十卷

宣和六年徐競奉使高麗撰圖經四十卷凡三百條物圖其形事爲之説上之御府乾道三年徐蒧鏤板澂江惜乎圖亡而經存競字叔明張孝伯與作行狀附刋于卷末

東國史畧六卷

東國史畧始自檀君終于恭讓王上下千餘年幽奇理亂之迹靡不具載李氏弑君簒位而此

稱成桂爲太祖芳遠爲太宗蓋執筆者爲其臣子不得不然史記鄭夢周忌太祖威德欲乘墮馬病篤圖之太宗與李濟謀去夢周遣趙英珪等邀于路擊殺之籍其家并放李穡于韓州至是而王氏之舊臣盡矣又稱夢周爲人有忠孝大節國家多故處大事決大疑不動聲色咸適其當穡天資明敏與夢周同心始終不變臣節如是而成桂父子之忌二人唯恐剪除不速安能頊剡忘之耶此書諱而不沒其實信良史也

其猶有箕子之遺教歟

吳明濟朝鮮世紀一卷

會稽吳明濟子魚萬曆丁酉以客從司馬公贊畫東援朝鮮諮訪事蹟撰世紀記高麗始末最詳辛禑之事同乎呂嬴牛馬子魚謹而書之不沒其實王氏自梁末帝貞明四年代高氏有其國遂并新羅百濟之地稱後高麗傳三十二主歷年四百七十五李成桂簒位復稱朝鮮高皇帝祖訓云朝鮮國即高麗其李仁人子李成桂

今名旦者自洪武六年至洪武二十八年首尾凡弑王氏四王姑待之聖祖之意盖以朝鮮遠在屬夷有稽天討而于李氏之簒弑則大書特書𤼵示萬世標之曰李成桂今名旦者直揭王氏舊臣之名氏嚴于斧鉞之誅矣三百年來東國陪臣伏讀聖祖之明訓有不爲之寒心者乎

華越朝鮮賦一卷

弘治元年越奉使朝鮮國夏五歸命鑿其聞見作朝鮮賦即自爲注之越字尚矩寧都人官至

南工部尚書歿謚文僖有文集傳行于世

黎崱安南志畧二十卷

崱字景高元時安南歸附人敘其山川文物風土制度頗詳備白雲老人察罕為之序一時名公鉅卿如歐陽玄程鉅夫元明善許有壬等俱稱許之乃外志中之佳者

紀古滇說集一卷

元人張道宗錄上自唐虞迄于咸淳其間方域年運謠俗服叛一一詳載所記金馬碧雞事與

漢書頗異道宗湎氏沐朝弼謂其自言風土當得其實留此以備參考可也

周建觀真臘風土記一卷

建觀自元貞乙未隨使招諭真獵至大德丁酉始歸述其風土國事甚詳是册從元鈔校録説海中刻者牴牾錯落十脱六七幾不成書矣

鞏珍西洋番國志一卷

永樂初勑遣中外重臣循西海諸國宣宗嗣位復命正使太監鄭和王景弘等往海外徧諭諸

番時金陵鞏珍從事總制之幕往還三年所至番部二十餘處在處詢訪紀録無遺宣德元年編次成集予觀其議事詳核行文贍雅非若星槎勝覽等書之影畧成編者蓋三保下西洋委巷流傳甚廣内府之劇戲看場之平話子虚亡是皆俗語流爲丹青耳今㕘考之此册首載永樂十八年十二月初十日勅太監楊慶往西洋公幹十九年十月十六日勅内官鄭和孔和卜花唐觀保今遣内官洪保等送各番國使臣回

還合用賞使即照依坐去數目關給與之宣德五年五月初四日勑南京守備太監楊慶羅志唐觀保大使袁城今命太監鄭和往西洋公幹大小海船該關領原交南京入庫各衙門一應正錢粮并賞賜并原下西洋官員買到物件及隨船合用等物勑至即照數放支與太監鄭和王景弘李興朱良楊直右少監洪保等關領前去應用詳觀前後勑書下西洋似非鄭和一人鄭和往返亦似非一次惜乎國初事蹟記載闕

如范無援據，從令人與放失舊聞之嘆而已

黄省曾西洋朝貢典録三卷

東川居士孫胤伽跋云此書序見黄公五岳集久矣往來于胸中者三十年歲已未錢受之搜秘册于郡城故家得黄公手藁歸以貽予遂命童子録之此書初未入梓自藁本外只此册耳

汪焕章島夷志一卷

豫章汪焕章少負奇氣浮舶浮于海者數年始歸書其目之所及不下數十國勒成一書名島

叓志中一則云至順庚午冬十月十有二日鉀
帆大佛山下月明水清水中見樹婆娑意謂琅
玕珊瑚之屬命童子入水抜之出即堅如鐵高
僅盈尺槎牙奇怪枝有一蕊一花天然江色既
開者彷彿牡丹半含者類乎菡萏舟人咸雀躍
曰此謂瓊樹開花海中稀有千年始一遇耳携
歸留于君子堂虞邵菴賦詩誌其異其所記奇
詭率多類此是書爲元人舊鈔本至正年間河
東張翥三山吳鑒序之咸謂其言可信不誣鄒

衍曰九州之外復有九州煥章此志悉前古所未聞予醯雞也無能發甕天之覆聊存其書而已

日本受領之事一卷

受領者受領天朝之賜予也字形奇詭是彼國人所書裝潢楮墨咸與中華異而寔精于中華行間復以日本事注其旁不可辨識亦書案閒一奇物也

王宗載四夷館考二卷

國初以遐陬裔壤聲教隔閡設四夷館以通達夷情拔子弟之幼穎者授譯課業于彼國之來使凡山川道里食貨謠俗瞭然如觀掌果迨後肄習既廢籍記無徵此館幾爲馬肆萬曆庚辰王宗載提督四夷館蒐輯往牒創爲此書于柔遠之道不無小補云

華夷驛語一卷

洪武二十一年翰林侍講史源潔以華文驛胡語三五推探而全其字核對訓釋而明其義輯

録刋布聖祖命劉三吾序之凡賜前元世系詔誥勑書咸用胡語成文特刋于後高皇撫綏勝國之苗裔其至德𡨚絶今古矣

華夷譯語二卷

分類聚編上則番書中則漢譯下則胡音乃回回館新增者内府抄録除此無别本宜秘之

回回館課三卷

諸番進貢駝馬玉石梭角求討滕襴織金段茶藥等件皆寫番書表奏回回館以中國字逐篇

譯之輯成三册藏之天府不知何年流落人間
爲予所得存之以徵同文之化

屬夷枝派録一卷

二祖以元之餘裔歸降効順賜以大寧全地立泰寧朶顔福餘三衛設官襲職歲通兩貢其後惟朶顔獨盛此書于三衛枝派住牧詳細録之有心哉斯人也今撮畧其要以彰二祖撫賞之盛心并以告後之秉史筆者泰寧衛夷始祖都督兀捏帖木兒右都督革于帖木兒二枝之後

共五處住牧朶顏衛夷始祖都督完者帖木兒
四世花當生十一男分十一枝厥後又分七十
派隨處住牧外脱羅又兒古彦卜二枝隨長昂
住牧晃忽納猛可海塔力三枝跟那木塞等住
牧華蘭台認義部落亦隨長昂住牧福餘衛夷
始祖都督指揮使朶兒于都督指揮使可及夷
始祖影克掌本衛印使指揮使扯秃四枝之後
共五處住牧予慮此書或致湮沒失傳屬夷枝
派便無從稽考故書其大凡於此

讀書敏求記卷二

吳興趙孟升用亨校字

讀書敏求記

[清]錢曾 撰

下册

文物出版社

讀書敏求記卷第三

也是翁錢曾遵王

子

孔叢子七卷

孔子八世孫鮒字子魚論集仲尼子思子上子高子順之言及已之事凡二十一篇爲六卷名孔叢子言有善而叢集之也漢孝武朝太常孔臧又以其所爲賦與書謂之連叢上下篇爲一卷附于末嘉祐三年宋咸註成表進此則空居

閣藏本從至正二年元人所鈔録出者也

荀子二十卷

楊倞注荀子凡三十二篇爲二十卷幷劉向篇目淳熙八年六月吳郡錢佃得元豐國子監本幷二浙西蜀諸本參校刋于江西計臺其跋耳目所及此特爲精好予又藏呂夏卿重校本從宋刻摹寫者字大悦目于此可稱雙璧矣

李軌注法言十三卷音義一卷

法言十三篇篇各有序總附之卷末同乎班固

之叙傳然也宋咸弁序于篇首殊失漢人著述
體裁李軌仍其舊而不更唐以前學人卓識如
此軌字洪範東晉尚書郎都亭侯所著書見隋
書經籍志此本後附音義一卷撰之者不知何
人是又洪範之桓君山矣

顔氏家訓七卷

顔氏家訓流俗本止二卷不知何年爲妄庸子
所淆亂遂令舉世罕覩原書近代刊行典籍大
都率意劖改俾古人心髓面目晦昧沉錮于千

載之下良可恨也嗟嗟秦火之後書亡有二其毒甚于祖龍之炬一則宋時之經解逞私説憑臆見專門理學人自名家漢唐以來諸大儒之訓詁注疏一槩漫置不省經學幾幾乎滅熄矣一則明朝之帖括自制義之業盛行士子專攻此以取榮名利禄五經旁訓之外何從又有九經十三經而况四庫書籍乎三百年來士大夫劃肚無書撑腸少字皆制義誤之可爲痛哭者也是書爲宋人名筆所録淳熙七年嘉典沈揆

取閣本蜀本互爲參定又從天台故參知政事謝公所校五代和凝本辨析精當後列考證二十三條爲一卷沈君學識不凡讎勘此書當時稱爲善本兼之繕寫精妙古香襲人置之几案間直奇寶也

續顏氏家訓七卷

續顏氏家訓半是宋槧本之絕佳者半是影宋本舊鈔經籍志云朝請大夫李正公撰

元經薛氏傳十卷

陳亡而五國具所以存中國也江東中國之舊
衣冠禮義之所就也其未亡君子責其國焉曰
中國之禮義安在其巳亡君子與其國焉曰猶
我中國之遺人也此元經之大旨也春秋抗王
而尊魯元經抗帝而尊中國文中子之孝文猶
帝魏也殆夫子之遺意歟宋儒高談性命不達
經權數百年來抹畧其書無有揚之如司空表
聖皮襲美其人者可不嘆乎昔者賈人持宋本
蕭常續後漢書求售刻鏤精妙楮墨簇新見者

皆爲悦目牧翁不開卷擲還之以其與運統背馳耳獨此書于文字中往往服膺不少置嗟乎銅川之志其卽公之志也夫春秋成而周存存周者天也元經之專斷亦禀之于天命惜乎公所成書一旦不戒于火三百年來之琬琰竟與冷風劫灰同澌滅於終古天實爲之謂之何哉

帝範一卷

貞觀末唐太宗御製帝範十二篇賜高宗晁氏曰今存者六篇而此爲完書豈不全于宋而反

全于今日歟

馬融忠經一卷

李長爲漢南太守比儗孝經而作是書亦分一十八章大司農鄭玄爲之注解此本注中脫字俱用宋刻校添

司馬溫公潛虛一卷張惇實潛虛發微論一卷

萬物祖于虛生于氣故有氣圖氣以成體體以受性故有體圖性圖性以辨名名以立行故有名圖行圖行以俟命故以命圖終焉張敦實曰

子雲作太玄以明易溫公作潛虛以明玄易之所謂人道者不過乎仁義玄之所謂大訓者不過乎忠孝虛之所謂人之務者不過乎五十五行其立辭命意左右前後橫斜曲直皆有義理因即其圖各爲總論庶幾學者易覽耳淳熙中陳應行苦此書建陽書肆本脫畧不可讀邵武本縣詞多闕從文正公曾孫得家藏槀本附以張氏發微論校刊之洵稱完善矣

邵子皇極經世行數前集五十五卷

此書世罕其傳儒者雖究之終身亦難得其端緒非有師承不可强爲之解也

邵子皇極經世觀物篇觧六十二卷

楚東祝泌述後附皇極數起例一册斷訣一册聲音韵譜一册泌字子堅淳祐間提領所幹辦公事官守之餘推明康節之旨輯成此書亶偉識抜俗士也憶己丑春杪侍牧翁于燕譽堂適見撿閱此册余從旁竊視動目駭心嘆爲奇絶絳雲一爐後牧翁所存書悉舉以相贈此本亦

隨之來今歲僑居也是園檢點縹囊緗帙藏弆快然堂偶繙及此書追理前塵杳如宿劫日月易邁屈指已三十七年矣棲遲衡泌爲草茅賤士有負公書斯文囑累之意每爲凄然泣下然京洛風塵緇衣欲化擾擾于肩摩轂擊中者我勞如何余獨擁此殘編蠹簡展卷自娛借之以送餘年耗暮齒其樂不減君山又不可不謂斯世之幸人也

擊視陰符一卷

此邵子皇極經世之學也上爲上卷下爲下卷各有序原展卷茫然不敢强不知以爲知徧訪藏書家罕有畜之者人間唯此本耳

家山圖書一卷

家山圖書晦菴私淑子弟之文蓋逸書也李晦顯翁得之于劉世常平父劉得之于曾齋許文正公其書以易中庸古大學古小學參列于圖而于脩身之指歸綱領條分極詳此本惜不多覯道學家宜刊布之以廣其傳

公是先生極沒要緊一卷

即劉甫弟子記也于時人或書名或稱字蓋以微旨别其人之賢否耳

河上公注老子一卷

開元七年劉子玄上議今之所註老子是河上公其序云漢文帝時人結茅菴于河曲因以爲號以所注老子授文帝因冲空上天不經之鄙言流俗之虚語漢書藝文志注老子者有三家河上所釋無聞焉請黜河上公升王弼所注司

馬微云漢史實無其人然所注以養神爲宗以無爲爲體請河王二注俱行當時卓識之士辨析之如此惜乎輔嗣注不傳而獨傳此何耶

嚴君平道德指歸論七卷至十三卷

谷神子序云道德指歸論陳隋之際已逸其半今所存者止論德篇近代嘉興刻本列卷一之六與序文大相逕庭其中闕落者尤多牧翁從錢功甫得其乃翁叔寶鈔本自七卷訖十三卷前有總序後有人之飢也至信言不美四章與

總序相合焦弱矦輯老氏翼亦未見此本直秘書也辛丑除夕公于亂帙中檢得題其後而歸之余來札云此夕將此殘書商確良可一胡盧嗟嗟公之傾倒于藴至矣慙予湮厄無聞爲里中所賤簡未能副公仲宣之托撫今念昔回首泫然抱此殘編徒深侯芭之痛而已

白玉蟾道德寳章一卷

序稱趙孟頫愛其言不類諸家手書以傳予觀所注皆脩煉之言存于道家可耳

郭象注莊子十卷

晉書郭象傳竊向秀解莊子爲已注乃自注秋水至樂二篇又易馬蹄一篇其餘點定文句而已予覽陸氏釋文引向注者非一處疑秀尚有別本行世時代遼遠傳聞異詞晉書云云恐未必信然也

成玄英疏莊子二十卷

南京解元唐寅藏書北宋槧本之佳極者通考云三十三卷予按端臨經籍志每因篇帖浩繁

無暇取原書覆校卷數大都牴牾學者當原之莫謂其不足援據也

徐靈府注文子十二卷

辛妍亦號計然文子其字葵丘濮上人老子弟子范蠡嘗師事之著書十二篇天寶中稱通玄真經默希子注為之序默希子唐徐靈府自號也子彙云吳中舊刻僅十餘葉近得默希子始覩其全不知何故不照原書翻刻又盡削靈府之註殊所不解此是太原祝氏依宋板摹寫者

亦希有之本也

關尹子闡玄三卷

關喜著書九篇始守終藥以九字爲一書之綱領凡一百七十章其曰闡玄者杜道堅述其微意也道堅元成宗時人注成于大德年間卷首有篇目衍義一通述九字相承次之意倣邠卿孟子篇序例爲之覽者毋忽焉

玄真子外篇三卷

張叔和唐肅宗時人自稱烟波釣徒亦號玄真

子著書名爲外篇應有內篇失傳于世此與鄧析子同册俱是元人手抄本不知與新本有異同否

墨子十五卷

潛溪諸子辨云墨子三卷戰國時宋大夫墨翟撰上卷七篇號曰經中卷下卷六篇號曰論共十三篇考之漢志七十一篇館閣書目則六十一篇已亡節用節葬明鬼非樂非儒等九篇今書則又亡多矣潛溪之言如此予藏弘治己未

舊抄本卷篇之數恰與其言合又藏會稽鈕氏世學樓本共十五卷七十一篇內亡節用等九篇崟所謂館閣書目本或即此歟潛溪博覽典籍其辨訂不肯聊且命筆而止題爲三卷豈猶未見完本歟抑此書兩行于世而未及是正歟姑識此以詢藏書家

陶弘景注鬼谷子三卷

鬼谷子無鄉里俗姓名字戰國時隱居潁川陽城之鬼谷故以爲號其轉丸胠篋二篇今亡貞

白曰或云即本經中經是也

淮南子鴻烈解二十一卷

淮南子善本極少此從宋刻影摹者流俗刋作二十卷踳駁尤甚讀者宜辨之

高誘注戰國策三十三卷

吳澂東西周辨曰周三十六王前十有二王都鎬京中十有三王都王城王城對鎬京則鎬京在西而王城在東其東西之相望也遠李十王都成周赧王都王城王城對成周則成周在東

而王城在西其東西之相距也近一王城也昔以東周稱今以西周稱夫周末東西之分因武惠二公各居一都而各王則或東或西之名繫乎公不繫乎王也邵子經世書紀赧王爲西周君與東周惠公並而西周公無聞焉則直以西爲王東爲公矣知東之有公而不知西之亦有公也知王之在西而不知赧以前之王固在東也戰國策編題首東周次西周豈無意哉近有縉雲鮑彪注謂西周正統而不應後于東周升

之爲首卷于西著王世次于東著公世次盖因
邵子而誤者嗟乎文正一代大儒其辨援據詳
洽問學淵源惜高誘注亡來已久舉世夢夢無
從是正鮑氏之訛予初購此書于絳雲樓乃剡
川姚宏校定宋槧本得之如獲拱璧即以傳示
同人共相繕寫然非草盧之辨互爲証明學人
是今非古焉知鮑注淆亂如此予故備著文正
之言以俟好古敏以求之者

鮑彪註戰國策十卷

鮑彪注此書四易藳乃成其用心可謂甚勤矣而開卷之端不免謬誤反譏高氏注爲疎畧何也

雜家

世說新語三卷

宋刻世說新語劉辰翁批點刊行元板分爲八卷間嘗論之晉人崇尚清談臨川王變史家爲說家撮畧一代人物于清言之中使千載而下如聞謦欬如覩鬚眉孔平仲依倣而爲續世說

此直東家之臏矣又嘗論之説詩至嚴滄浪而詩亡論文至劉須溪而文喪此書經須溪淆亂卷帙妄爲批點殆將喪斯文之一端也歟

趙璘因話録六卷

卷分宮商角徵羽宮爲君朝廷及宮闈事入之商爲臣王公至有秩以上入之角爲民不仕者入之徵爲事不爲其人其物而槩説者入之羽爲物瑣襍不專其人其事者入之璘爲水部員外郎紀載玄宗至宣宗時事甚核

李上交近事會元五卷

上交退寓鍾陵尋近史及小説雜記之類凡五百事釐爲五卷目曰近事會元唐史所失記者此多載焉

陶穀清異録四卷補遺一卷

至正二十五年華亭孫道明借果育齋本手録二十六年又得清常静齋藏本讎校正訛易舛不下三四百字復補足喪葬鬼神妖四類及天類一則魚類三則始爲全書矣

茅亭客話十卷

江夏黄休復集多紀西蜀事元祐癸酉西平清直子石京爲後序募工鏤版以廣其傳此則太廟前尹家書籍舖行本也

邵氏聞見録二十卷

伯温爲童子時侍康節先生得盡閲天下士垂老著其所聞見于篇其子博爲次第之以傳于世

邵氏聞見後録二十卷

余既繕寫伯溫聞見録又購得邵博後録舊鈔本曾經前輩勘對疑誤惜乎前書無善本一校爲憾耳

默記一本

默記爲王銍性之撰其所載事多耳目未及如玄宗腦骨爲玉髑髏及肅宗之死如武乙僅見此書此從舊本録出較世行類書中刻者多大半非讐勘莫知也

冷齋夜話十卷

釋慧洪覺範集此書大都一時人之詩話爲多

雷轟薦福碑事見第六卷中洪本筠州高安人

韓子蒼作寂音尊者塔銘即其人也

捫虱新話十五卷

捫虱新話吾家所藏有二一是宋鈔本不分卷

帙末有羅源陳善子兼跋云丙寅歲余由海道

將抵行在所遇颶風舡壞盡失平日所業文字

既而于知友處得所著捫虱新話因加刊削得

一百則時紹興己巳正月二十一日也此本墨

敝紙渝古香馣馥或者疑爲子兼藁草一是影摹宋刻本標題云朝溪先生捫虱新話釐爲十五卷不列子兼名氏并脫跋語二者未知孰爲定本姑兩存之以備參考可耳

文瑩玉壺野史十卷

沙門文瑩玉壺隱居之筆成于元豐戊子稗官家罕見刻此書是本行間脫誤字牧翁一一補録完蓋居榮木樓時手校本也

湘山野録三卷續録一卷

成化間尹直等奉勅編纂宋元通鑑辨宋太祖太宗傳禪之誤葢自李燾删潤湘山野録啓之并載野録謂太祖太宗對燭影不時見太宗有不可勝之狀而燾改不可勝爲遜避太祖戳地好爲之又加大聲二字遂不免有畫蛇添足之病今撿此書在續録上卷字句恰好符合知蹇齋所見者亦宋刻也

碧雞漫志五卷

王灼晦叔客寄成都碧雞坊之妙勝院追記詞

曲所由起作爲此詩予暇日輯詞目一卷自十六字至二百四十字止調凡八百餘沿波討源自謂差勝于花草粹編等書惜乎詞學失傳未由考調之何自而名視此書有餘愧耳

羅壁識遺四卷

潛溪孔子生卒歲月辨公羊云曾襄公二十一年冬十有一月庚子孔子生穀梁年與日同而謂冬十月孔子生與公羊實差一月司馬遷世家云孔子生于襄公二十二年與公穀寔差一

歲日與公羊同而月復與穀梁異杜預主司馬
以注左傳司馬貞主公穀以證史記馮去疾造
爲調人之言以曆法積之謂之三者皆非誤潛
溪曰公穀爲傳經之家當有講師以次相授且
去孔子時甚近其言必有依據司馬遷雖良史
後於公穀孔子所生之年當從公羊穀梁氏然
以春秋長曆考之二十一年巳酉十一月無庚
子庚子乃在十月之二十一日孔子所生月當
從穀梁氏其卒之時左氏云魯哀公十六年夏

四月己丑孔子卒司馬遷遵之諸儒又從而遵之孔子所卒之年當從左氏然十六年乃壬戌歲是歲四月戊申朔有乙丑而無己丑己與乙文相近故誤書也潛溪一代醇儒學識度越前人故其辨精鑿如此今觀子蓍所記孔子生年云五行書謂孔子生庚戌乃魯襄二十二年周靈王二十一年與公穀年月俱差信五行書固不若信公穀又云杜預長曆魯襄二十一年庚戌歲十一月無庚子左傳書孔子壬戌夏四月

己丑卒四月無己丑有乙丑然孔子氏譜祖庭廣記俱云魯襄二十二年十月二十七日庚子孔子生與公羊穀梁五行書俱差不知又何所本子蒼之討論亦以公穀左氏爲歸其旨適與潛溪合余故撮畧其言俾通人參互觀之知儒生立千載下據先正遺文訂諸家之牴牾展卷曉然得考見聖人之生卒歲月一何其幸與方山吳岫題此書云考據精論斷審即此一則觀之可概其餘矣

能改齋漫録十八卷

端臨經籍志云漫録十三卷太常寺主簿臨川吴曾虎臣撰其卷數與此刺謬何耶

鐵圍山叢談六卷

蔡絛鐵圍山叢談類書中刊行者止十之二此則嘉靖庚戌雁里草堂舊寫本也

未弁曲洧舊聞十卷

少張拘留北庭甚久紹興癸亥南歸秦檜惡其直言奏以初補官易宣教郎直秘閣而卒讀此

爲之扼腕浩歎

張端義貴耳三集三卷

三集載道君北狩金人凡有賜賚必索一謝表勒成一帙刋諸榷場中博易更有李師師小傳同行于時不知南渡君臣覽之何以爲情吁可哀也

徐度却掃編三卷

是册原書爲王百穀家藏宋刻後歸牧翁亦付之絳雲一燼中矣存此摹本猶有中郎虎賁之

想度字仲立紹興吏部侍郎不能苟合于時讀書卞山之陽紀其平日聞見時方杜門却掃即以名其編云

張世南游宦紀聞十卷

影宋本舊鈔乃停雲館藏書有衡山先生圖記別一本爲秦酉岩手録行草絶佳宜爲當時之所重也

玉照新志五卷

王明清得一玉照于永嘉鮑子正又獲米南宫

書玉照二字揭之寓舍因名其所著書曰玉照新志李元叔長民上廣汴都賦于裕陵由此進用其全篇備載于此他書未之見也

學齋佔畢四卷

唐末進士張曙宴巴州郡樓坐中作擊甌賦極精工樓以此顯名後人遂命之曰擊甌而此賦獨不傳英華文粹俱失載今全録于此警句如薑嬖成青瓅鑾飢啄開蛛網穆天子紅韁馬解踏破瓊田非唐後人所能道曙又有鄠郊賦叙

長安亂離亦哀江南悲甘陵之比今不可得見矣郭囦曰學齋先生學紫陽者紫陽之誨人曰學問思辨四者皆所以窮理先生此書蓋庶幾近之矣

張舜民畫墁録一卷

巳卯立夏日録完隨役一過新刻顛倒譌謬不足存也

雲煙過眼録一卷

周公謹雲煙過眼録隆慶二年秋八月周曰東

從至正廿年夏顧手抄本重書一過字畫端楷且與居士錢叔寶諸公友善共相摹寫洵一名士也録云焦達卿有吳彩鸞書切韵一卷其書一先爲二十三先二十四仙相傳彩鸞所書韵散落人間者甚多余從延陵李氏曾覩其真蹟一先仍作一先與達卿所藏者異逐葉翻看展轉至末仍合爲一卷張邦基墨莊漫録云旋風葉者即此真曠代之奇寶因悟古人玉燮金題之義唐六典所以有熟紙裝潢匠之别也自北

宋刊本書行世而裝潢之技絶矣余幸遇此韵得覯唐時卷帙舊觀今李氏零替此卷歸之不知何人世無有賞鑒其裝潢者惜哉

硯北雜志一卷

此書籤題云陸宅之輯谷陽繕寫柘湖手校宅之名友元統元年索居吳下追録所欲言者取段柯古之語名曰硯北雜志明年書成而序于卷終谷陽不知何人筆法蒼勁洵爲名家柘湖則柯柘湖也卷首有檇李項藥師圖記項氏曾

刊行是書此乃其原本耳

自號録一卷

錢塘徐光溥輯宋時名公鉅卿騷人墨客之號裒爲一卷淳祐丁未其友譚友聞爲序至正壬寅華亭孫道明手鈔于泗北村居之映雪齋時年六十有六予見道明所鈔書不下數十種皆在崦嵫景廹之年老而好學直秉燭之明也

朱翌猗覺寮雜記二卷

洪邁序云右上下兩卷凡四百三十五則故紫

徵舍人桐鄉朱先生所記也黄俞邰徵刻書目云一卷謬矣

屨齋示兒編一卷

潘方凱得是書于金陵焦氏請李本寧爲之序而刊行之所以嘉惠後學甚盛心也間以此本讎勘字說云書盤庚翼奉傳作般庚後闕文六條而潘刻聯去兼之行款差殊不循舊格深可惋惜李昭辨伊尹放太甲于桐放當作教古隸字相近後從而譌耳潛溪稱其言爲有識句曲

外史張天雨取此説書于伊尹古像之後豈非
知言者哉
農家
賈思勰齊民要術十卷
嘉靖甲申刻此書于湖湘惜乎注中删落頗多
如首卷簡端周書曰神農之時天雨粟云云原
係細書夾注竟刊作大字等類文注混淆殊可
笑也
王氏農書十卷

農桑通訣六農器圖譜二十穀譜十總名曰農書元豐城縣尹東魯王禎撰所載牛耕蚕事起本及譜圖之類詳而有法民事不可緩其學識定乎平日非聊爾成書者也

農桑輯要七卷

延祐元年皇帝聖旨裏這農桑册子字樣不好教真謹大字書寫開本盖元朝以此書為勸民要務故鄭重不苟如此序後資行結銜皆江浙等處行中書省事官則知是板刊于江南當日

流布必廣今所行唯小字本而此刻絶不多見
何耶

便民圖纂十六卷

便民圖纂不知何人所輯鏤板于弘治壬戌之
夏首列農務女紅圖二卷凡有便于民者莫不
具列爲人上者豳風圖等觀可也

兵家

玄女六甲陰符經八卷

前有趙普經進表云得之羅浮隱士劉罕余不

敢以爲信然然猶是宋元時舊鈔本或亦昔人假托而爲之非今人詐僞也

握機經傳六卷

握機經傳流俗本止刋首卷餘五卷刻其目而無書是册乃方山吳岫從王子家鈔出洵爲秘本覽者勿漫視之

風角鳥占經一卷

風聲鳥聲爲玉女所述角聲爲黄帝所述此是宋鈔人家見者絕少宜録副本藏之

風角書四卷
古風角書乃樂産本李淳風删其繁亂著之于占馬承勳謂陰陽五行所主亦有不同因細詳之而爲之集類焉
神機制敵太白經一卷
遥山路雄纂共二十四篇
神機制敵太白陰經十卷
此書詳整有法篇次精允軍家之要典也卷末六行云秘閣楷書臣羅士良寫御書祗候臣錢

承顥勘入內黃門臣張永和朱允中監入內內侍高班內品臣譚元吉趙誠信監疑是宋朝內府鈔本識者辨之

九賢秘典一卷

秘典云九者太公軍鏡要術鬼谷子風雲氣候章孫武子行軍氣色雜占吳起軍錄雜占張子房行軍災異錄武侯行軍風候歌袁天罡占風雨訣崔浩氣色李靖行兵術要共纂成一書也

許洞虎鈐經二十卷

景德二年許洞表上其書前又有許洸爲之序

白猿經一卷

此僞書也不必存之

神機武畧望江南一卷

諸占以望江南詞調之取其易于省記也相傳黄石公以授張良者未知留矦時巳有此詞此調否

天文軍鏡九宫行營一卷

九宫行營章貢曾朝類編凡軍行雜占莫不詳

載焉

城書一卷

守城事宜散見諸書中此八章條約詳明繪圖以便覽者宜與守筌並存之

火器大全一卷

古無所謂火攻也肇自即墨之牛始其後兵法著火攻五亦止火人火積火輜火庫火隊而已芻膏之屬未云器也有器必有械大全之所以獨善于近代其神奇爲不可測歟此未知撰自

何人稱李承勳朱騰擢趙士楨皆負笈其門隨才授藝夫三子骨騰肉飛聲施當世而其師之氏名余竟無從考得之徒撫殘編惜其苦志未申亦可以觀世矣

火龍萬勝神藥圖一卷

首列二十八草應二十八宿和以諸毒藥煉爲神砂神烟神水以制敵奇矣哉必有所試而云然非徒楮上浮談也繼列火攻諸藥品并水戰神器專閫外者宜覓此書珍秘也

少陵棍法三卷

茅元儀採之刻入武備志中凡從藁本繕寫者或詞圖訣俱是鎗法程冲斗云千打不如一劄故少陵三分棍法七分鎗法兼鎗帶棍此得于棍法之深者也

白打要譜六卷

今盛傳宋太祖長拳三十二勢溫家七十二行拳三十六合瑣二十四棄探馬八閃番十二短以至綿張之短打各擅所長表表著名于世顓

川汪伯言集諸家之應變備成要訣與少陵棍

楊氏鎔並藝稱獨絕矣

天文

靈臺秘苑十二卷

此係宋朝敕進之書編脩官臣于大吉臣丁洵

同看詳官臣歐陽發看詳官臣王安禮其考校

頗精確非聊爾成書也

乾象通鑑一百卷

序云臣李言據經集諸家之善考古今已驗之

變復以景祐海上秘法參列而次第之著爲成書不遠萬里赴行在獻之臣李不知誰何其稱獻之行在應是宋高宗時人援引該洽凡天之所示時之所變鑑古驗今無一不在其用心可謂專勤矣宜珍而秘之

乾坤寶典十二卷

脉望館録本清常道人校過

璇璣類聚六卷

古之言天者八家一曰渾天張衡靈憲是也二

曰宣夜絕無師學三曰蓋天周髀所載四曰軒天姚信所說五曰窮天虞聳所擬六曰安天虞喜所述七曰方天王充所論八曰四天祅胡寓言李淳風取渾天近理特載靈臺于乙巳占之首此獨宗淳風說採取諸家之異同考古今之占驗斷以渾天爲主今人紊亂列宿刋削四餘殆狂而比于背矣視此能不滋愧乎

璣衡秘要四卷

首載婁景賣日月于漢家鄙俚可笑委巷之談

而取之何也

大元玉曆森羅記十二卷

此是牧翁早年手録凡疑誤字標題于上暮年則筆力老蒼字法俱橅東坡與此截然兩手公悉以前後詩文藁付余故余認之最真他人則不復知誰氏所書矣

天文機要鬼料竅十卷

術家秘步天歌爲鬼料竅此書前半詳解丹元子之説後則兼採衆論附列諸圖而終以汪默

渾天注䟽張孝宗渾象圖說非天官家膚學者
所能企及也

天文主管釋義三卷

李泰依丹元子步天歌分布垣舍之星爲主復
以漢唐宋天文志觀象立儀之意爲法王注款
勒成此書萬曆戊子清常校記

天文占書類要四卷

李淳風撰岳熈載注繕寫古雅鈔本中之佳者
也

天文玉曆旋璣經七卷

陳汎跋云此本爲吾家先世舊物丹陽孫仲穡得録本于江右陶孔啓有魚魯之憾余取而讎勘之兩爲善本矣

天文異畧四卷

此亦玩占書也有後序不知何人撰

十一曜躔度一卷

十一曜者日月五星四餘氣也積久歲差斜絡于二十八宿之間皆其經歷之道故躔與度交

次增減而成二十四氣首列九九行薄食并五星遲留伏逆之圖旋轉而觀更一奇也

梁令瓚五星二十八宿神形圖一卷

前結銜云奉義郎守隴川別駕集賢院待制仍大臣梁令瓚相傳此册從唐本繪畫余購良工以五彩臨摹不爽毫髮亦書庫中之奇物偶閲方于魯墨譜見其圖列宿四與此像適合知于魯之考核亦精一技所以成名也

二十八宿形圖一卷

二十八宿朝爲本形晝暮變互爲他物不知從何考定圖後注解軍占用之

永樂元年月五星凌犯録

内府鈔本總計三百六十五次相犯一百一十三次入宿四十八次不相犯二百四次存之備明史天官家採録可也

乾坤變異録四卷

李淳風收覽古今變異事勒成三十六篇釐爲四卷序而傳之

乾象圖說一卷

山陰王應遵輯是圖首渾天七衡九重而天漢晷影以至正中偏向並窺天之事也次日月行度躔差而朔望盈虛以至交食見食並步推二曜之事也次中星五緯行道而星宿合犯以至分野袼差勾股並測算經緯之事也計圖三十圖之先各爲一說使談天者解說以証圖據圖以觀天不屬之渺茫影響亦可謂知天之深者矣

渾蓋通憲圖說二卷

李之藻受西法于歐邏巴人以葢佐渾故名通憲圖說予非瞽史焉知天道覩此唯有口呿舌橋而已

神道大編象宗圖學一卷

自周秦至元明共三十六圖閩人趙淳卿纂于卷首披視之有仰觀俯察之感

五行

譙子五行五卷

譙子不知何時人五行各以類次注解甚明此等書惜不多傳于世爲恨

五行類事占七卷

宋司天臺張正之輯其言簡其事覈正之嘗著祛惑鈐爲史丞相所賞今不可得而見矣

禮緯含文嘉三卷

分天鏡地鏡人鏡爲三篇紹興辛巳張師禹跋原書亡來已久此姑存之可也

黃帝龍首經二卷

龍首經雜占諸吉凶昔黃帝受之于玄女帝將上天台三子口授之三子拜起龍忽騰翥止見其首因以名其經云

乙巳占十卷

李淳風集其所記以類相聚編而次之始自天象終于風氣凡爲十卷賜名乙巳蓋以起算上元乙巳故耳序文博贍整雅非唐後人所能及

乙巳略例十五卷

乙巳畧例藏本有二一爲清常道人手校一是

舊鈔後俱附占例

黄石公潤經一卷

視一身之動静爲吉凶凡七十二條君子不以卜占小伎而忽之亦省身之一助也

六壬

六壬畢法一卷

黄帝受式法于玄女戰勝蚩尤遵式立文傳經于後世久淆譌淺注穿鑿遂致失其妙理徐道符擬經作歌名爲心鏡假例占以證經遺規永

以建炎中邵彦和復能發揮素蘊究入幽微著書曰口鑒寶慶改元凌福之用彦和法作七言百句注釋之以成此書夫六壬之義謂天一生水壬水建禄于亥亥乃乾天之位數六屬金金生水故名六壬余今備述諸書他日就正有道庶不至冥行擿埴耳

壬課纂義十二卷

六壬之課有七百二十得其名六十四摠其約唯宗首九課而已考之占法分門釋例則又無

所不該也夷山老叟得其傳于無偽子撮課書之要于日用者勒成十二册卷帙繁重繕寫艱難世之得親此者或尠矣

六壬節要直講二卷

雲中衲衣子楊璸惜六壬書浩瀚紛紜因摟羅衆說去偽存真節其要篇分二十四分俾高明之士鑒而正之

六壬易鑑鈐一卷

序云李公考楊太史之餘文補過直子之不及

削除訛舛添注幽奇明排釋例于前篇細局課

鈐于後集俾學者得覩禍福焉

六壬開雲觀月經一卷

始以元首終以五福卦共六十五篇此書與所

藏碎金集神樞經秘訣俱不著撰人總爲六壬

中之一種耳

六壬金匱玉瑣全書一卷

此書分例八宗原一青深一凶否一中平一吉

泰一凶一凶卦反吉吉卦反凶名一茅山冲和

子撰郭天進註

六壬神機游都魯都法一卷

此兵家捉將擒賊法游都爲盜賊之所主魯都是寇兵之所居主者根也居者往也孫武子集

此以傳後世之有大將才者

六壬辯神推將集一卷

辨神者凡用十二神看其所臨相生相尅若上尅下只取上位神言之下尅上取地盤言之若上下相生比取天盤言之推將者以月將加正

時將先用前五次後三其書絕佳明辨俱在注中

六壬兵帳賦一卷

臨戎占式以四時識神之雌雄是或一道也

壬式兵詮一卷

前列白文後著解義皆軍占也

大定新編四卷

大定者以年月日時錯綜布算成千百十零加入奇偶數而分元會運世元符元月符會日符

運時符世看上下生尅何如以定其吉凶此書之大凡也

大定新編便覽二卷

野厓楊向春輯謂理者太虛之定義數者太虛之定分未形之初因理而有數因數而有象既形之後因象以推數因數以推理故看數之法于卦數上下縱橫反覆推究體用生旺刑尅探其玄奧則貴賤吉凶瞭然如指之掌矣

大定續編纂要一卷

續編專論格局定之以理與時亦野厓復元子所輯也

神女清華經一卷

玉清圓編次凡五十四篇

太乙

太乙統宗寶鑑二十卷

吾家藏舊鈔統宗寶鑑有二前俱有大德癸卯曉山老人序其一後附起例直數淘金歌三書各一卷其一後附數林籌數專征集畧神機二

鏡四書各一卷

太乙星書二卷

高李迪䟦云此書世所罕傳爲元季星學第一趙仲光手書更不易得世傳文敏仲穆書不少而仲光不多見前後小印傳謂元世祖鈐縫小璽亦無所据是本是洪武年間影鈔仲光手録本并附季迪䟦于後

奇門

景祐遁甲符應經三卷

宋仁宗御製序云遁甲之旨出于河圖黄帝之世命風后創名始立陰陽二遁共一千八十局迨周公約七十二留矦佐漢議一十八局朕萬機在念法神道而設教因取其書命太子洗馬兼司天春官正權同判監楊惟德春官副王用立翰林官李自正何湛等于資善堂撰集又命内侍省東頭供奉官管勾御藥院任成亮鄧保信皇甫繼和周惟德總其工程庀事數月成書三卷命曰景祐遁甲符應經

金瑣遁甲二卷

此書大有裨于兵家惜無善本校其譌耳

遁甲奇門星起法一卷

陽遁九局陰遁九局中又分上中下三局是內府舊鈔本人間希有之書也

新式遁甲天書一卷

首列新式奇門圖終列海運第一船之圖註云非止漕運係京邉命脉正欲解此以援北世無沉謀遂視爲迂着竊恐運河梗塞東南輸輓終

非我有耳昔勝國初用朱清張瑄議建海漕終元之世賴之此書及焉誠哉卓識之士也

曆法

新儀象法要三卷

前列蘇頌進儀象狀卷終一行云乾道壬辰九月九日吳興施元之刻本于三衢坐嘯齋此從宋刻影摹者圖樣界畫不爽毫髮凡數月而後成楮墨精妙絕倫又不數宋本矣

卜筮

陸森玉靈聚義五卷

此書泰定巳丑翰林待制趙孟暄序于簡端平江路陰陽教授駱天祐校正天曆二年申奉總管府指揮鋟梓行當時校刻流傳殊非草草勿以其卜筮之書而忽余别藏竹隱老人郤平軒玉靈照膽經一卷陳大經玉靈聚義二卷埜菴先生龜經二卷皆係舊鈔流俗罕有其本筮短龜長備之書庫中可耳

龜經秘訣一卷

篇數止十圖簡而允是宋末時槧本

星命

註解珞琭子三命消息賦二卷

李獻臣云珞琭者取珞珞如玉琭琭如石之義推人生休咎否泰之法此注解者王廷光李同釋曇瑩徐子平四家也宣和五年廷光表進之經籍考有珞琭子疏五卷晁氏曰皇朝李仝東方明撰未知仝與仝爲兩人乎抑亦一人而誤其名歟

經世祝氏鈐一卷

二十年前嘉禾陳獻可過予草堂訪求遺書見經世祝氏鈐而有感焉曰我行四方留心籍氏久矣無從搜此書不意垂老得之展玩終日似有會于心惜乎卒卒别去未及請正之爲恨耳予今觀其説以元會運世推算年月日辰四象運行八卦變化總是先天象數之機要古人于星命之學亦必窮年盡氣以求精一藝豈予淺夫所能窺其閫奥聊記故交之言以志予之慨

耳

演禽龍眠感化真經一卷

或云李伯時編朝列大夫張浩註龍眠舒城人登進士第官至朝奉郎作書有晉宋風格繪事集顧陸張吳及前世名手所善以爲已有宋畫中第一未聞其留心祿命姑識此以詢博識者

圖註解千里馬三命三卷

宋徐子平得軒轅奧旨遺文七十二卷注釋流傳徐大升嫌其篇卷浩大尋其提徑類成編次

神谷子又取其定真論喜忌篇繼喜篇增注之刊行于世神谷子失其氏名序于天曆年間蓋元文宋時人也

三辰通載三十四卷

通考云錢如璧撰集此是南宋槧本有南京解元唐寅印記並題字知爲伯虎所藏也

五行精紀三十二卷

此書鈔寫精妙又經舊人勘對過洵爲善本無疑所引書五十一種余所有者惟珞琭子他則

俱未之見撫書自慚何敢與收藏家相埒乎

相法

許負相法一卷

相法十六篇言簡而旨明爲古今相書之祖前代若姑布子卿唐舉呂公許負管輅袁天罡輩流矌世間世有其術非有得于異傳安能明察幾微若是乎

焉廋集一卷

平度李鑾著上卷論神形氣色周身之相下卷

總括歌賦及飛走四十九條其詞亦詳而辨矣

麻衣石室神異賦一卷

陳希夷師麻衣學相戒以深冬擁爐而教如期往引至華山石室中傳此又名金鎖賦別有銀匙歌授希夷今絶傳

宋齊丘玉管照神十卷

上局所論皆人之體貌有形可見故謂之陽局下局所論皆出形之外無像可觀故謂之陰局齊丘之大旨盡于此矣

五行生尅辛鑑十卷

呂廷玉云辛鑑一書或云紫府真人所著傳于道叟孫復陽然散逸無主先生又為添序補其缺遺始稱完備余觀其書頗寓勸戒之意使人知吉凶趨避之因誠有道者之言也

相字心易一卷

相字成于宋之謝石然秦頭太重壓日無光之對不可以其伎術之士也而小之余觀此法前古未聞殆射覆之遺意歟

宅經

宅經二卷

隨宅大小中院分四面又分十干十二支乾艮坤巽作一十四路考尋宅之休咎無出于此矣

葬書

鄭謐釋注郭璞葬書一卷

葬書世鮮善本流俗所傳二十篇皆後人增益建安蔡季通去其十二内外各分篇四其雜篇二首俗本散入正書中更爲釐定叙次井然矣

玄嘿生鄭彥淵得此書于劉赓幾云傳之于杜待制繼又得王邦昌手録孫院刋本標題下書江東家藏善本七字二者俱有吳草廬題跋而孫本尤爲精密因加訂定從而釋之凡經曰云云皆引青烏經中語也彥淵又著太極圖集義窮神等書許存仁序而行者余不得見之矣

楊筠松撼龍經一卷

阿㜷達池之水自香山南大雪北流爲中國之河源與地絡相會並行而地師莫之知也天下

山河之象又存乎兩戒北戒自三危積石負終南地絡之陰乃至東循塞垣抵濊貊朝鮮是謂北紀南戒自岷山嶓冢負地絡之陽乃至東循嶺徼達東甌閩中是謂南紀茫茫堪輿大地理之當明者盡于此矣筠松獨能曉暢其說仰觀俯視千古來無有目空宇宙如其人者龍而曰撼神矣哉有何首尾之可見乎遇其意于地理之外可也

賴布衣催官賦一卷

是書堪輿家咸知之惜無善本校閱獨此未改舊觀龍沙水穴條疏明白其繕寫古雅非今人之筆也

廖瑀葬法心印一卷

經云穴吉葬凶與棄屍同葬法之宜講也明矣金精山人謂地之真僞在于龍地之消息在于葬精心研究而著是書于葬法頗造三昧雲外老人傳旭序而傳之子姪可謂寶愛之至矣後附玄女分金集一卷亦人間希有本子勿漫視

之

劉文正公平砂玉尺經六卷後集四卷

趙國公邢州劉秉忠著青田劉基解敬仙賴從謙發揮

金函玉篆天機素書一卷

干支五行定山之局二十八宿管其數玄女另爲之解亦一奇書也

青囊正經三卷

青囊經者即玄女海角天涯經也上中六卷凡

俗末由見之下三卷赤松子譯以隸文傳世盖述地理四龍陰陽之法希夷爲之序

青囊正源赤松經一卷

函雅堂藏舊鈔本前有頼太素序文

玉髓真經三十卷

分爲十册甲二乙一丙一丁三戊一巳一庚三辛六壬二癸十共三十卷此書詳明博雅真地理之指南也間以流俗刊本勘對牴牾脫落盡失舊觀惜乎不可是正始知原書之貴重如此

堪輿賦一卷

録于正德年間不著撰人氏名惜無別本勘其僞字耳

堪輿纂畧三卷

聚狐首古經青烏先生葬經管氏指掌三書爲一帙全載其文而謂之纂畧者葢以堪輿家著述甚富未能備録止集此三種以爲陰陽書之祖非纂其語句而畧之也

地理發微論集註一卷

牧堂蔡發神與著發微十六論以感應篇終之談地理而揆諸天道使人子無倖心焉其用意良厚矣燕翼貽謀古人垂裕後昆者唯是聿脩厥德初無陰陽吉凶之說淆惑其志新安謝昌注釋此書務期葬親者一歸于正不墜庸術星卦之誤其得于牧堂者深君子勿以堪輿書等視之可也

地理泄天機十二卷

卷首題云金精山人廖瑀術海岱出清士余芝之孫

述括陰陽諸家之説而總成其書别一部止六大卷與此互異今兩存之

地理總括二卷

鄱陽羅珏撰集上卷爲陰龍下卷爲陽龍猶是其藁本歟

陰陽正源五卷

八卦五行之説錯綜而變化之具有别解非予能知也

太素心印一卷

著論于穴之下少奇見特解發人之書也

相山骨髓一卷

相山之術取骨肉皮氣爲四體復舉四十字總其奧妙而窮之以五行相合之理穴法盡其中矣

楊公六段機一卷

此又名金門玉鑰匙六段者一論後龍二論龍虎三論朱雀四論水城五論明堂六論捍門其辭明達洞暢非深心于此者弗能作也

魏成訣萬金葬法一卷

成訣宋時人採諸地師之論以成一家言備之可也

吳景鸞鉗龍經一卷

審龍之貴賤在權將圖三百穴以别其眞僞其術詳秘訣中

騎龍穴法一卷

江村道人案騎龍穴法三十六倒騎龍穴法凡十未有文字刻本撿王趙卿歌附録之

龍穴明圖十一卷

谷一清編次元時刻本凡穴之形勢備于此矣

醫家

外臺秘要四十卷

朝散大夫守光祿卿直秘閣判登聞撿院上護軍臣林億等上進熙寧二年五月二日准中書劄子奉聖旨鏤板施行醫說云此書撰于唐王珪經籍志云唐王燾撰則知林億等乃校刊上進也

伊尹湯液仲景廣爲大法一卷

伊尹湯液散見諸書醫家未覩其全仲景獨能廣而行之古趙王好古復纂成此書又爲仲景之功臣矣

羅知悌心印紺珠一卷

知悌字子敬號太無先生集六散三九十六湯以總持萬病意在康濟斯民甚盛心也是册繕寫精楷乃名手所書宜珍秘之

潔古老人醫學啓源三卷

金易水張素元著潔古治病不用古方刻期見效劉守直嘗病傷寒潔古診其脉而知其用藥之差守直大服自是名滿天下是書採輯素問五運六氣内經治要本草而成其門下高第李明之請蘭泉張建吉甫序于首卷

竇太師注標幽賦一卷

蘭江鏡潭王仁整集鈔寫樸陋墨敝紙渝惜無善本是正之爲憾耳

陰秉暘黃帝内經始生考六卷

秉暘自號衛涯居人謂原病有式鍼灸有經醫療有方診視有訣運氣則全書藥性則本草獨始生之說所未及聞因詮次内經條疏圖列收四時斂萬化以成章其用心亦良苦矣

忽先生金蘭循經取穴圖解一卷

忽先生名公泰字吉甫元翰林集賢直學士中順大夫是書與素問若合符節大德癸卯刊于吳門圖長尺有四折而裝潢之他書未有也

内外二景圖一卷

政和八年朱肱取嘉祐中丁德用畫左右手足并滎俞經合原及右藏用畫任督二脉十二經疏注楊介畫心肺肝胆脾胃之系屬大小腸膀胱之營壘較其訛舛補以鍼法名曰内外二景圖此係舊鈔復以朱界其穴而標之未知有刊本行世否

注解病機賦一卷

柯城劉全備克用撰舊人抄本後附去病延壽六字法四季養生歌

丹溪手鏡二卷

此爲清常手校本序稱丹溪著醫書數帙皆行于世此乃耄年所作故傳之獨秘獨遲未知清常從何本是正其校書可謂專勤矣

滑伯仁診家樞要一卷

暇日讀朱右攖寧生傳采其治病奇中者表著成編辭繁而不殺蓋謂世以人試術生以術活人耳今閱其診家樞要知其于脉理微矣生嘗聚諸家本草爲詩韵與是書同付板刋行惜余

不得見爲惋惜者久之

戴元禮證治要訣十二卷

復菴受文皇寵顧供奉之餘著爲此書正統八年春朝鮮入海捕魚風飄至浙江官軍以爲倭寇擒獲解京收候飢寒困苦復菴悉衣粮供贍之卒使之寧歸其存心濟物如此是書惟以活人爲念有功于醫道豈淺鮮哉吳文定公録而藏于叢書堂重其人并以重其書也

扁鵲指歸圖一卷

聽聲視色察病之端言句不能曉者圖以狀之文義或繁多者記以歌之萬理盡歸一指故曰指歸圖云

難經三卷

陸孟鳧先生云難經從未見宋槧本予留心搜訪僅購得此舊鈔字法俱撫松雪翁疑是元人所書不識賞鑒家以爲然否

杜光庭了證歌一卷

光庭謹傍雜經各推了證歌爲之以決生死宋

高氏爲之注東越伍捷又爲之補注其于脉理可謂研奥義于精微者矣

太素脉法一卷

序云仙翁不知何地人隱空峒山常帶一篦九藥出山救人更于指下决未兆吉凶壽限時人莫不神之後不知所終唐末有樵者于其石室石函中得此書以傳于後

太素脉訣一卷

樂平楊文德以醫士徵太醫院洪武戊寅老歸

鄱陽寓劉烈之祖閨芳家授以太素脉訣烈恐

舊本湮沒無聞刻而傳之

紫虛崔真人四原論一卷

四原者原脉原病原証原治也予又藏紫虛脉

訣一卷句如掌求蓋欲初學醫者易知耳

玄珠密語十七卷

唐啓玄子王氷述其師密授之口語也氷云能

究其言見之天生可以延生見之天殺可以逃

殺百年間不逢志求之士遂書五本藏五岳深

洞中遇者可寶愛之氷之言如此余讀其書浩瀚委曲莫得其津涯大槩直申素問六氣之隱奥耳

産科備要八卷

長樂朱端章以所藏諸家産科經驗方編成八卷淳熙甲辰歲刻校南康郡齋楷墨精好可愛首列借地禁草禁水三法古人于産婦入月慎重若此罕有行之者亦罕有知之者矣

王氏小兒形證方二卷

醫之科有十三惟小兒爲啞科察色觀形最爲難治漢東王氏秘其方爲家寶良有以也此書刻于元貞新元序之者爲古梅野逸不知何人後附録秘傳小兒方三十二及秣林牛黄鎮驚錠子方皆庸醫所不知者宜珍視之

眼科捷一卷

趙清常得此書于洪州李念襄李傳寫于道士藍田玉藍幸于世廟名位顯隆旋以不循道庚死此盖録内府秘藏本也

還睛秘論一卷

舊鈔本不著撰人詳論目病之所由起而續之以治之之法深心于眼科者也

鍼灸

銅人鍼灸經七卷

銅人鍼灸經傳來已久而竇氏秘傳内有金津玉液大小骨空八風八邪髁骨八法此書與明堂灸經俱不載何耶

太師鍼灸一卷

竇太師鍼灸傳于婺縣王鏡澤共計一百二十八法録于成化辛丑夏五月藏書家未見有此本也

西方子明堂灸經八卷

西方子不知何解昔黄帝問岐伯以人之經絡窮妙于血脉參變乎陰陽盡書其言藏于靈蘭之室洎雷公請問乃坐明堂以授之後世言明堂者以此今醫家記鍼灸之穴爲偶人點志其處名明堂非也

瓊瑤真人鍼經三卷

題云賜太師劉真人集算詳何時人神農者鍼法他書俱失載獨備于此亦可寶也

瓊瑤真人八法神鍼紫芝春谷全書一卷

峨眉山人黄士真序而傳之録于至正乙未仲秋

楊氏玉龍歌一卷

玉龍一百二十穴看穴行鍼恐時人有差别故作此歌以爲衛生之寶焉

本草方書

本草元命苞九卷

元朝崇尚醫學設令醫官考試出題以難素爲經疑仲景爲治法本草而又若其繁冗尚仲善集此書求簡易于愼微本草之中總四百六十八種益便于時人之采擷也爲前序者至正三年平江路常熟州知州班惟志未知邑乘中列其人否附識以俟參考

千金要方三十卷

孫思邈雍州之華原人救昆明池龍得仙方三十首散入此書中逐卷一方後人無從辨之新刻本攙改僞謬不可是正此猶是原書也

千金翼方三十卷

孫真人既撰千金方猶慮或有缺遺更撰翼方以輔之宋仁宗命高保衡孫奇林億等校正刊行後列禁經二卷凡二十一篇今之俗醫有知其法者否真人之爲神仙無疑然以用蝱虫水蛭之類生命不得冲舉天之惡殺若此活人者

可不有戒心哉

郭思千金寶要八卷

宣和六年河陽郭思取千金方中諸論逐件條而出之使人知防于未病之前又取諸單方逐件列而出之使人知治于已病之後并附經用神驗者各别稱説推行孫真人妙法之本意仍以千金寶要名篇買巨石鐫之立于華州公廨吾家墨刻舊本字畫完整古香襲人暇日當取以校對始知是本之佳否也

聖散子方一卷

此方不過二十二味，諸病可治。東坡得之于眉山人巢穀，謫居黃州，時疫盛行，合此藥散之，所活不可勝數，因製序以傳不朽。惜其方世罕之見，郭五常得之于都憲袁公，即爲梓行于鄖陽，附錄華佗危病十方及經驗三方，繼得者復刊爲續錄。坡序稱濟世之具，衛家之寶，直此書之謂也。

永類鈐方二十二卷

棲碧山中人李仲南校檢古今醫書并以脉病因證治增爲五事鈐而爲圖貫串彼此發明成書使人一覽了然其初名曰錫類後改爲永類者仲南以書成于親歿之後卹哀茹痛所以著其永感耳

風科集驗名方二十八卷

此書乃趙大中編脩值金亂遁于吳山覃懷趙子中傳習之虛白處士趙素才卿獲原本于湖湘訂譌補缺元方六百三十二續添一千三百

四十七通計一千九百七十九方釐爲二十八卷得成全書才卿被召賜還處于皇極道院元遺山爲之作銘是書傳世極少醫家尠有知盧白處士者予故著其詳于此

劉涓子鬼遺方五卷

劉涓子不知何許人晉末于丹陽郊外射中一物夜不敢追明日率門人隣巷數十人蹤跡至山下見一小兒云主人昨夜爲劉涓子所射取水洗瘡因問主人是誰曰黃父鬼乃共至其處

遙見三人一人臥一人開書一人搗藥即齊聲叫突而前三人並走遺一帙癰疽并一臼藥涓子得之後從宋武帝北征被創以藥塗之隨愈用方爲治千無一失故名鬼遺方是書極爲奇秘收藏家罕見之子別有劉涓子治癰疽神仙遺論一卷與此同是宋鈔皆宜別錄副本備之

傷寒

劉守直傷寒直格三卷後集一卷續集一卷別集一卷

仲景傷寒書金河間劉守真深究其旨著爲直格便于習醫者要用臨川葛雍仲穆校刊之附以劉洪傷寒心要爲後集馬宗素傷寒醫鑒爲續集張子和心鏡爲別集于是河間之書粲然可觀矣

朱震亨傷寒摘疑一卷

彥脩謂仲景書儒家之論孟也復何所疑摘之者竊恐摘簡斷文章句或誤故畧紀所疑而附以己意非敢致疑于仲景也

張仲景註解傷寒百證歌五卷傷寒發微論二卷

翰林學士白沙許叔微知可述述者推明仲景之意而申言之也

何滋傷寒辨疑一卷

滋於乾道年間爲保安大夫診御脉兼應奉皇太子宫撮畧仲景書凡病証之疑似陰陽之差殊共三十種悉爲辨之使人釋然無疑焉

海藏老人陰證畧例一卷

海藏老人王進之盡傳東垣李明之之醫學謂

傷寒乃人之大疾而陰症毒爲尤慘覃思數年掇古人之精要附以已説釐爲三十餘條有證有藥有論有辨以成是書刻之爲前序者麻革信之乃遺山之好友也

傷寒明理論四卷

此書尾斷爛序作于開禧改元稱成公當乙亥丙子歲其年九十餘則必生于嘉祐治平之間誠仲景之功臣醫家之大法成公不知誰何葢北宋時人也

吴恕傷寒活人指掌圖三卷

恕號蒙齋錢塘人撰傷寒指掌圖首以八韻賦述傳變之緩急中則隱括仲景三十九十七法又述後代效驗方法横竪界爲八十九圖至元間賈庚尚從善爲之序而刋行之

攝生

五龍甘卧法一卷

五龍以卧法授之希夷爲千古獨得之秘予生坎壈兩眉外未知有安樂窩否將從希夷高枕

圓人間未了之夢五龍其許我耶

端必庇成就同生要一卷因得囉菩提手印道要一

卷大手印無字要一卷

此爲庚申帝演揲兒法張光弼輦下曲守内番

僧日念吽御厨酒肉按時供組鈴扇鼓諸天樂

知在龍宫第幾重描寫掖庭秘戲與是書所云

長緩提稱吽字以之爲大手印要殆可互相証

明凡偈頌文句悉揣摩天竺古先生之話言閱

之不禁笑來其紙是搗麻所成光潤炫目裝潢

乃元朝内府名手匠今無有能之者亦一奇物也

藝術

貫經一卷

臞仙以陶質爲壺取其脆而易破以荻葦製矢取其柔而易折倣古投壺之義射禮之儀著爲貫經令人生戒愼不敢躁進之意寓規于戲其旨微矣

投壺譜一卷

自溫公易新格而古之投壺譜式皆不存此自有初以至倒耳著明賞罰之等葢取禮記投壺之禮爲證焉

溫公七國象戲局一卷

七國者秦韓趙魏楚齊燕也周居中而不與尊周室也

朱存理鐵網珊瑚十四卷

存理字性甫別號野航吴之長洲人採輯唐宋元名人書畫跋語裒成一集名曰鐵網珊瑚分

雜識五卷名畫五卷法書四卷其留心蒐討眞不遺餘力矣余舊藏子昂重江叠嶂圖經營慘淡虞伯生柳道傳嘆其絕佳間考卷中諸跋咸載於此集其卷後爲有力者攫去至往來余心未能忘也近購得所南老子推篷竹卷徐禹功倣楊補之梅花卷吳瑩之吳仲圭續畫兩梅子後中間雜綴趙子固諸公題跋又得張伯雨楷書玄史等篇及陸友仁八分書世說語數十則共成一卷乃清閟閣最所寶愛者野航採此三

卷俱録入法書名畫中定爲上品可見吴下名
蹟登此書者多矣閒窗静坐爐香郁然覽兹墨
妙是正書中一二譌字覺人世間榮名利養之
樂罕有逾于此者昔人云清福爲造物所忌天
公不輕與人伊予何幸得對此縹囊緗帙晨夕
欣賞撫巳慙惶又不覺逖然以思而悄然以恐
也野航教書荻匾王氏一夕與主人對酌罷將
就寢適月上得句云萬事不如杯在手一年幾
見月當頭狂喜大呌撼主人起咏其句主人亦

相與擊節呼酒更酌明日張具樂飲遍邀吴中善詩者賞之前輩風流令人慊慕無巳趙清常脉望館書目更有續鐵網珊瑚未知誰氏所集吾不得而見之矣

畫繼十卷

宋朝能畫諸名家此書無不網羅畢載八卷銘心絶品九十兩卷雜説論遠近内一條云楊惠之與吴道子同師道子學成惠之耻與齊名轉而爲塑皆爲天下第一故中原多惠之塑山水

壁郭熙又出新意令圬者不用泥掌止以手搶泥于壁或凹或凸乾則以墨隨其形迹暈成峰巒林壑加之樓臺人物之屬宛然天成謂之影壁因思古之游於藝者必能游而後始成絕藝夫子下字之妙如此特拈出之以耻今世之畫家

畫鑒一卷

采真子與柯敬仲論畫遂著此書當時賞其知言采真子東楚湯垕君載之自號也後附荆浩

山水筆法記一卷

夏文彦圖繪寶鑑五卷

文彦字士良吳興人書成于至正乙巳自吳晉至宋元歷代畫家氏名網羅搜討殆遍序云他無所好獨于畫遇所適諦玩輒忘寢食其留心畫史蓋終身以之者矣

竹譜詳録一卷

薊丘李衎字仲賓以息名其齋畫竹得文湖州不傳之秘此録論墨竹之法與其病凡竹之别

族殊名奇形詭狀莫不譜其所自出相傳墨竹
于古無傳自沙門元靄及唐希雅董羽輩始爲
之倡或云五代時郭崇韜夫人李氏月夜摹窗
竹影後往往有效之者考廣畫集載孫位擅名
墨竹又成都大慈寺灌頂院有張立墨竹畫壁
孫張皆晚唐人乃知非元靄輩倡始并不起于
李夫人也山谷老人云近代墨竹不知其所師
承初吳道子畫竹加之以色已極形似墨竹之
師或出于此息齋得王右丞開元石刻妙蹟又

得蕭協律筍竹圖南唐李頗叢竹圖備載于録
真此君之美談矣
饒自然山水家法一卷
至元庚辰玉笥山人饒太虛自然選唐王維及
元商德符等二十人注其筆意染法以爲式後
附畫家十二忌柯丹丘稱自然以詩畫名世惜
無從見其詩耳
林泉高致一卷
河陽郭思纂其父淳夫所得名人畫詩及受眷

神宗事實勤成一書政和七年許光凝書其後云覽之令人起物外煙霞之想真可謂林泉之高致矣

類家

類林十五卷

類林亡來已久此爲平陽王朋壽增廣者于舊篇章之中添入事寔第其次叙增益至一百門篇後有贊如眉間事他書未詳此記之甚悉尚是元人舊鈔大定己酉李子文鏤板刊行者未

知其本今有存焉否也

北堂書鈔一百六十卷

今行北堂書鈔爲吾鄉陳抱中先生所刻攙亂增改惜無從訂正聞嘉禾收藏家有原書蒐訪十餘年而始得繕寫精妙繙閱之心目朗然唐人類書大都爲一巳採用而作如白樸之類非若宋人取盈卷帙講讕詆欺殊不足援据也

數書四十卷

自一至百聚其事而彙成之閣中本在王雲來

處不著述者何人書法橅歐虞仍出一人手疑是宋時進呈本然十存其四趙清常知王玄韜家所藏録于閣本未失之前因假借繕寫完書之難如此覩清常䟦語爲之撫卷浩歎

讀書敏求記卷三

吳興趙孟升用亨校字

讀書敏求記卷第四

也是翁錢　曾　遵王

集

唐大詔令一百三十卷

宋宣獻公裒唐之德音號令彙之未次甲乙未爲標識而公薨其子敏求緒正舊藁釐十三類編録成帙目爲唐大詔令余考之開元二十三年乙亥十二月壬子朔二十四日乙亥册河南府士曹參軍楊玄璬長女爲壽王妃蓋妃之父

爲蜀州司户玄琰生而早孤養于叔父玄璬家故册稱玄璬女也開元二十八年十月玄宗幸溫泉宫使高力士取楊氏女于壽邸命孫逖撰册度爲女道士號太真住爲太真宫天寶四載乙酉七月丁巳朔二十六日壬辰册左勳衛二府右郎將韋昭訓第二女爲壽王妃是月即于鳳皇園册太真宫女道士楊氏爲貴妃按壽王妃前後二册文及楊妃入道勑諸書俱不載今全録于此時日皆班班可考千載而下覽者能

不爲之失笑乎玉溪生龍池絶句夜半宴歸宫
漏永薛王沉醉壽王醒詩人言外托諷咏之殊
難爲情箋義山集者應取二冊文并入道勑爲
此詩之注脚何如

離騷草木疏四卷

劉香之書不可得而見矣世傳惟宋吴仁傑斗
南所著草木疏復經甬東屠本畯田叔芟其蔓
衍而補益之改盡斗南舊觀且以吴氏闕鳥獸
爲非通論夫美人香草騷之寄托云然後人止

疏草木者其意適與靈均合田叔別撰昆虫疏
葢欲多識鳥獸之名與失騷人之旨矣此從曹
秋岳先生借録得覩斗南原書何其幸也

錢果之離騷集傳一卷

果之晉陵人解離騷而名爲集傳者不敢同王
叔師之注也然其旨一稟于叔師旁採爾雅山
海經本草淮南子諸書而分離騷三百七十三
句爲十四節葢謂古詩有節有章賦則無章有
節耳果之不曉昭明置騷于詩後之義妄認騷

即爲賦侏儒之隅見若此

陸士衡文集十卷陸士龍集十卷

士衡集文賦爲首士龍集逸民賦爲首慶元庚申徐民瞻宦雲間搜訪得之鋟本以行爲文冠諸簡端目曰晉二俊文集序中仍舊名而不改其志識夐異今人宋刻之所以佳也都穆跋陸元大近刻亦以録本譌誤爲言而不及民瞻之序似忘二俊集之所由名予故録而存之

支遁集二卷

支公養馬愛其神駿胷中未必無事在皎然云山陰詩友喧四座佳句縱横不廢禪是又以詩語為牽動矣

陶淵明文集十卷

婁江顧伊人藏弆宋槧本淵明集顏其讀書處曰陶廬而請牧翁為之記伊人交余最厚篤所謂兄弟也但各姓耳見余苦愛陶集遂舉以相贈丙午丁未之交余售書季滄葦是集亦隨之而去每為念及不能舍然此則購名手從宋刻

影摹者筆墨飛動行間字有不可遏之勢視宋刻殆若過之滄葦殁書籍散入雲煙過眼録矣伊人前年渡江念陶集流落不偶訪求得之持歸示予河東三篋亡來已久一旦頓還舊觀展卷相向喜可知也予畀以牧翁陶廬記手藁俾揭之簡端以見我兩人鄭重其書互以藏之外府爲快若此視世之借書爲一癡者其度量相越豈不遠哉墨莊中尚有箋註淵明集乃是焦弱侯翻刻原宋本述酒詩中山陽註能照見古

人心髓留心詩畫者宜拈出之

江文通集八卷

元趙質翁領國子學閱崇文館舊書得文通全集鈔寄蕭山舊宅夢筆寺此本乃元僧弘濟所録者末卷中山楚辭後多歌詞三首流俗本所無行間脱誤字咸可考正校過始知其佳耳

陰常侍詩集一卷何水部詩集二卷集一卷

吾家所藏者二一是舊刻一是舊鈔然總名曰陰何集末載黃長睿跋語云得何遜舊集于春

明宋氏八卷特完而此止三卷其殆所云天福本歟

東皐子集三卷

呂才仲英𩿨訪無功遺文輯成一書其集今世罕傳清常道人從金陵焦太史本録出披閲之餘想其與子光對酌時雖未嘗交語胸中各有一段眞趣爲酒家南董耳

王右丞文集十卷

寶應二年正月七日王縉搜求其兄詩筆十卷

隨表奉進此刻是麻沙宋板集中送梓州李使君詩亦如牧翁所跋作山中一半雨樹杪萬重泉知此本之佳也

李翰林全集三十卷

太白集宋刻絕少此是北宋鏤本闕十六卷之二十二十六卷之三十予以善本補錄遂成完書前二十卷爲歌詩後十卷爲雜著卷下註別集簡端冠以李陽冰序蓋通考所載陳氏家藏不知何處本或即此耶

杜工部集二十卷

王洙原叔蒐裒老杜中外書凡九十九種除其重複定取千四百有五篇凡古詩三百九十有九近體千有六起太平時終湖南所作視居行之次若歲時爲先後分十八卷又別録賦筆雜著二十九篇爲二卷合二十卷寶元二年十月爲之記嘉祐四年四月太原王淇取原叔本參考之鏤板姑蘇郡齋又爲後記附于卷終而遷原叔之文于卷首牧翁箋注杜集一以吳若本

爲歸此又若本之祖也予生何幸于墨汁因緣有少分如此斯文未墜珠囊重理知吾者不知何人蓬蓬然有感于中爲之放筆三歎

杜工部進三大禮賦十卷

東萊呂祖謙注牧翁全録入杜詩箋注中此則其原本也

徐侍郎集二卷

唐徐安貞撰安貞常參李右丞議恐其罪累逃隱衡岳山寺爲掇疏行者喑啞不言者十年然

猶餘塵瞥起時時闇誦峴山思駐馬漢水憶回舟及暮雨猶濕春風帆正開之句可見文人習氣循迴藏識中一字染神不與窮塵劫灰同盡于終古也

陸宣公翰苑集二十二卷

制誥十卷奏草六卷中書奏議六卷權載之序大字宋槧本惜其詩文別集十五卷失傳于世為恨耳

歐陽行周文集十卷

昌黎作歐陽詹哀詞自書兩通可爲拳拳于行周至矣行周過南陽孝子而傳之則所爲舍朝夕之養以來京師其心將以有得于是而歸爲父母榮之言昌黎蓋非聊爾信之者途中詩云五原東北晉千里西南秦一屨不出門一車無停輪流萍與繫匏早晚期相親至今吟咀之覺意莊語重其所思必高隱華流故有繫匏之感焉得借高城不見句而謄太原函髻之謗乎書此以辨小說之誣

李覯文編三卷外編二卷

大順元年陸希聲得元賓文于漢上條次爲三卷爲序以冠其首後天水趙昂又輯遺文二卷爲外編昌黎稱元賓文高乎當世行過乎古人一何張之甚歟

呂和叔文集十卷

和叔集絳雲樓宋槧本繕寫凡載于英華文粹中或字有異同者俱詳注于上予所謂讀書者之藏書類是也

權文公詩集十卷

新都楊慎得此集于滇南士人家止存目録與詩賦十卷嘉靖辛丑劉大謨刻于川中

劉賓客文集三十卷外集十卷

是集繕寫精妙讐勘無譌嘗以汲古舊抄校之行次差殊遠遜此本多矣

元氏長慶集六十卷

弘治元年楊君謙抄徽之集行間多空字葢以宋本藏久漫滅而不敢益之也代書詩一百韻

光陰聽話移後全闕乃宋本脱去二葉故無從補入耳嘉靖壬子東吳董氏用此本翻雕而以已意妄填空字可資捧腹亂後牧翁得此宋刻微之全集于南城廢殿向所闕誤一一完好遂校之于此本手自補寫脱簡牧翁云微之集殘闕四百餘年一旦復爲全書寶玉大弓其猶歸魯之徵歟

白氏文集七十一卷年譜一卷

樂天自杭州刺史以右庶子詔還逮排纂其文成

五十卷號長慶集微之爲之序又成後集二十卷自爲之序嘗録一部置廬山東林寺經藏院北宋時鏤諸板所謂廬山本是也絳雲樓藏書中有之惜乎不及繕寫庚寅一炬此本種子斷絶自此無有知廬山本者矣予昔從婁東王奉常購得宋刻卷次與世行本無異後亦歸之滄葦此乃對宋本校寫者其一之二五之七四十三四十八之五十二共宋本十一卷仍同奉常本十三之十六二十六之三十三十三之三十

八共十七卷是金華宋氏景濂所藏小宋板圖記宛然古香可愛更精于奉常本然總名白氏文集愈知廬山舊本之爲艱得矣戊子己丑子日從牧翁遊奇書共欣賞駭心悅目不數蓬山今人侈言藏書陋板惡鈔盈箱插架書生覓錢但不在紙裏中可爲一慨

李文公集十八卷

習之與陸傪書李觀雖不永年亦不甚遠于楊子雲又思我友韓愈非茲世之文古之文也非

茲世之人古之人也孟軻既歿亦不見有過于斯者夫文章爲載道之器必其自信眞而後信他人也不僞習之稱許韓李其通懷樂善如此是豈過情之聲譽哉及觀其答皇甫湜書云僕敘高愍女楊烈婦豈盡出班孟堅蔡伯喈之下則其高自標置當仁不讓又如此豈非自信眞而後信他人之不僞者歟昌黎曰近李翺從僕學文頗有所得古君子師資相長不以浮名虛聲妄爲誘悅今人但知韓桞而弗知有元賓持

正習之諸人與之俠轂起者斯文若江河行地異流同源讀習之文或可憬然而悟矣

皇甫持正集十卷

孫可之得文章要訣于來無擇無擇得之于皇甫持正持正得之于韓吏部退之斯文自有真傳非同俗學之冥行擿埴自以剽耳傭目爲能事也是集予從閩本鈔録因記得樂天哭皇甫七郎中詩涉江文一首便可敵公卿注云持正奇文甚多涉江一篇尤佳而此缺之知持正之

文亡逸者多矣

樊川文集二十卷

牧之集舊人從宋本摹寫者新刻校之無大異此翻宋雕之佳也

沈下賢文集二十卷

樊川義山皆有擬下賢詩則當時之聲稱甚盛其詩必多而集中止十八首何歟此刋于元祐丙申不識流俗本有異同否惜未一校對耳

笠澤叢書二卷補遺一卷

叢書爲陸魯望臥病松陵時雜著元符庚辰樊開序而鏤諸板致和改元毘陵朱袞又爲後序刊行止分上下二卷補遺一卷今人所鈔元時刻本已釐爲甲乙丙丁四卷詮次棼亂兼少憶白菊間吟二絶句非經讎勘無復知此本之善矣

吳興晝上人集十卷

貞元壬申歲于頔分刺吳興之明年集賢殿御書院有命徵皎然文集頔採而編之得詩筆五

百四十六首分爲十卷納于延閣書府即此本是也今漫稱杼山集乃後人所題非原書矣識者辨之

龐居士語録一卷詩二卷

有男不婚有女不嫁大家團圞頭共說無生話世出世間法都一往攝盡矣老老大大更摸索得幾個話頭明明祖師意未知作麽生也此書籤題猶是元人手筆靜對之覺身世俱忘

雪竇祖英集二卷

師諱重顯文獻通考諱道顯字隱之大寂九世孫俗姓李氏其生平見呂夏卿塔銘茲集乃門人總輯成於天聖十年孟陬月小師文政爲之序雪竇本智覺道場曾公守明州手疏請師住持于此

宗玄先生文集三卷

吳筠集王顔編次權載之序郤溪黄子羽藏書

王黄州小畜集三十卷

黄州契勘小畜集文章典雅有益後學舊本計一十六萬三千八百四十八字紹興十七年申

明雕造開板之不苟如此是本後有嘉靖乙丑岳西道人復初跋語藏于栩栩齋

徂徠文集二十卷

守道慶曆聖德頌出孫明復曰子禍始于此矣蓋所云大奸之去如距斯脱者謂夏竦也未幾歸徂徠山遇疾卒而竦欲以奇禍中傷大臣遂稱介詐死北走契丹幾陷人主有剖棺發塚之過繙徂徠集因思小人欺君無所不用其極爲之掩卷失聲并録歐公誌銘及詩于後

河南尹先生文集二十七卷

盧陵論尹師魯墓誌條析其事再述于後子覽之喟然歎曰甚矣古人珍重著述一字不敢聊且命筆若是之難而慎也歐公述師魯文曰簡而有法此一句六經唯春秋可當之又思平生作文唯師魯展卷疾讀便曉人深處死者有知必愛此文所以慰吾亡友嗟嗟文章千古事歐公直欲起師魯于九原而質之其寸心知已爲何如耶當吾世而無盧陵則已世有盧陵何患

無知師曾者吾又爲今之師曾慶所遵也

楊傑無爲集十五卷

傑字次公號無爲子紹興癸亥歲趙士彰取其詩賦碑記雜文表次成集

王蘋集八卷

蘋字信伯福清人從學程門以王安石尙經義而廢春秋守所學不就科舉紹興四年孫祐疏薦引見賜進士出身除秘書省正字是集乃其十一世孫觀所編也

祖龍學集十六卷

祖無擇字擇之洛陽九老之一也集十卷附名臣賢士往來詩文二卷系家集又四卷其曾孫行編次成帙并著龍學始末于卷終

趙子昂松雪齋集十二卷外集一卷

乙丑中秋購得松雪翁重輯圖書集注序真蹟細書謹楷紙墨如新圖小影于前幅而公自題簡端云延祐五年提舉楊叔謙畫時予爲翰林學士承旨年六十有五後序有仲穆蠅頭小字

跋語予按子昂奉勑撰農桑圖序云延祐五年四月廿七日集賢大學士臣邦寧大司徒臣源進呈農桑圖上問作詩者何人對曰趙孟頫作圖者何人對曰諸色人匠提舉楊叔謙上嘉賞久之又賜文綺一段絹一段竊思畫像時適當作詩繪圖之際兩人相與共晨夕故叔謙得爲公寫照也公薨于至治壬戌之六月辛巳年六十九延祐五年正六十有五明年己未謁告歸矣公之書其銜紀其歲于象側以見暮年命筆

鄭重其文若此蓋所謂衷貌頹然不能不自愛也楊戴撰公行狀云皇太后議取隆福宮名他學士擬光被公擬光天他學士曰光天出陳後主詩不祥公曰帝光天之下出虞書何名不祥于是各擬以進卒用光天其言寔與仲穆之跋語相符合然跋云以書質之中留一本則是書曾經進御而狀失載也至元後巳卯沈潢校正松雪齋集十二卷何禎立又輯外集一卷刊行于世自詭求假全藁于公之子仲穆而此序不

收知公之詩文遺佚者多矣數百年後敬覩遺像使人得以歷稽歲月傍徨感歎如侍立公之坐隅而親承其謦欬者撫此墨妙豈非希世之珍也歟

石田先生文集十五卷

皇帝聖旨裏江北淮東道肅政廉訪使蘇嘉議牒伏覩故資德大夫御史中丞知經筵事馬祖常擬今照依左丞王結例抄録遺文于淮東路學刊板傳布申覆御史臺照詳去後至元五年

九月二十九日承奉憲劄付仰依上施行可照驗差人抄録本官文集委自總管不花申議不妨本職提調刊印仍選委名儒子細校讐無差發下本路儒學依上刊板傳布施行須至牒者

是書雕造精妙爲元刻中之上駟楮墨簇新古香可愛簡端具此牒文統録之亦藏書家以見元時隆重碩儒敦崇積學非輓近之世可幾及也

虞伯生道園學古録五十卷

是集分在朝藁應制録歸田藁方外藁四種總名道園學古録鏤刻精雅世行本從此翻雕間取讐勘譌謬處絶少知嘉隆以前學人信而好古非若近日槧書者淆亂芟改師心自是也

楊翮佩玉齋類稿

翮字文舉以文類其稿不分卷帙元刻中之佳者

陳基夷白齋稿三十五卷外集一卷

弘治乙卯張習廣搜敬初詩文勒成十二卷刋

之志其後云先生文集名東白者二十四卷留吳下士大夫家秘不傳葢當時原書難覯故所刻不全君子惜焉此從其槀本摹寫者槀本舊藏葉林宗家林宗嘗出眎予摩挲賞玩移日不休予語林宗敬初過虞山詩悼張楚公之亡指斥太祖不少遜避戴良編題此集亦稱我吳王淮張之能得士心如此非一時群雄所可企及因相與浩歎而罷廻念疇曩良友過從奇書欣賞曾幾何時等之威音劫矣展卷懷人不覺潛

焉出涕

王翰友石山人藁一卷

潮州路總管王翰字用文別號友石山人元亡浮海之閩居永福山中黃冠服十年有薦之于朝者君聞辟命下即引決今讀其自決詩忠義之氣凜然吁可敬也遺稿爲其子偁編字孟揚行事詳附錄中

甘復山窗餘藁一卷

復字克敬元末餘干人成化癸卯保寧推官張

徵先得其手藁于趙時用刻之以傳

詩集

阮嗣宗詩一卷

阮嗣宗詠懷詩行世本惟五言八十首朱子儋取家藏舊本刋于存餘堂多四言咏懷十三首覽者勿漫視之

庾開府詩集六卷

朱子儋重刻庾開府詩四卷于存餘堂引序未少陵語謂其集刻在唐後予近得子山詩舊鈔

校之首卷同存餘堂本餘五卷序次迥異凡多詩百十五首始知子儋刻未備也庾信全集二十卷藏之天府未知百六飈迴靈光猶無恙否今考其詩集行世者唯予本爲佳因録哀江南賦于後而匵藏之俟識者覽焉

沈雲卿集二卷

沈宋裁詩矜變律律而云變者蓋詩之體裁至沈宋排比聲律比齊梁格法益嚴故遂爲千古律詩之龜鑑耳之問集已失傳佺期集未知今

有新刻本否此爲吴門柯氏藏書柯君名愈字大中别號味茶居士摹寫宋本唐人詩數十種今皆歸述古書庫中視百家詩刻直霄壤矣

新刋校正集註杜詩三十六卷目録一卷

淳熙八年郭知遠以杜詩注牴牾雜出因輯善本得王文正公宋景文公豫章先生王源叔薛夢符杜時可鮑文虎師民瞻趙彦材九家註讐校鋟板于成都寶慶乙酉曾噩子肅謂註杜者挾僞亂真如僞蘇註之類惟蜀士趙次公爲少

陵功臣今蜀本引趙注最詳重摹刋于南海之漕臺開板弘爽刻鏤精工乃宋本中之絕佳者予觀通考經籍志云趙次公註杜詩五十九卷今按趙註散見于蜀本曾序已稱其最詳卷帙安得有如此之富恐端臨所考或未覈書此以諗世之讀杜詩者

新雕校正大字白氏諷諫一卷

白氏諷諫原自單行此新雕者其字句與摠集中稍異歲久墨潎紙渝園陵妄缺一字竟無從

補録可惜也

高常侍集十卷

達夫集予借林宗宋槧本影摹族祖求赤又從

予轉假去録而藏于懷古堂今宋槧本流落無

聞予本亦已歸之滄葦此乃懷古堂録本也聚

散不常閲人成世三君墓木已拱獨予抱斷編

殘簡棲遲于魚蠹之中閒房良夜静言思之吾

家典籍異日傳于不知何人惜世無王仲宣聊

作鄭餘慶䑛掌之藏可耳

錢考功詩集十卷

仲文詩佳本絕少此於雜言古體近體諸篇編次極當允爲舊集無疑自高廷禮之品彙出而古律之名始著于世詩家不復辨唐詩編次之非古唐人集有不改其舊觀者幾希矣

李賀歌詩編四卷集外詩一卷

宋京師本無後序此鮑欽止家本也臨安府棚前北睦親坊南陳宅經籍鋪印

吳正子箋註李長吉歌詩四卷詩外集一卷

此書是元人舊鈔潘君顯甫贈予君諱禜別號郭指平生交唯孟晁先生石林長老與予三人著法苑紺珠集牧翁極稱之窮居陋巷書聲琅琅出金石虞山一隱君子也惜乎單門寒素將來湮沒無聞未免有名氏翳如之嘆耳

王建詩集十卷

建與樞密王守澄有宗人之分偶因過飲相譏守澄憾欲借宮詞奏劾之建作詩以解結句云不是當家親向説九重爭遣外人知事遂寢當

家猶今人言一家也此集作姓同其爲後人改竄無疑

李商隱詩集三卷

文宗時椽人用命朝士箝結甘露之變爲千古所未有國勢亦岌岌乎殆哉義山忠憤逼塞不敢訟言北司美人香草讔詞托寄其旨微矣留贈畏之詩題下註云時將赴職梓潼遇韓朝迴二首夫時事日非期望畏之來有所論建而喑無一語竟如囈如醒者何也故次章云待得郎

來月已低寒暄不道醉如泥也隨例趨朝轉轅迴去國成誰兼若珥耳不聞宮鄰金虎委蛇蜩螗沸羹之徒忠于君者若是乎故繼之以五更又欲向何處騎馬出門烏夜啼也首章起句即責韓以清時無事奏明光反言之亦激言之耳詞臣引領歸客迴腸義山于君臣朋友之間情義剴切且又託爲艷詩以委曲諷諭此豈棨伯所能解乎朱鶴齡箋註義山詩初藁云此題有誤予笑語之義山既誤作于前韋縠才調集又

誤選于後無知妄作賢者無是焉鶴齡面發赤因削去今聯引此以啓其端見義山之詩之難讀如此

温庭筠詩集七卷別集一卷

世傳温李爲側艷之詞今誦其雞聲茅店月人跡板橋霜及魚鹽橋上市燈火雨中船諸名句豈獨以六朝金粉爲能事者解對金跳脱正不必再讀南華第二篇矣

李羣玉詩集三卷詩後集五卷

羣玉以草澤士子表上其詩人主遂有錦綵器物之賜令狐綯薦之于朝授宏文館校書郎唐君臣愛惜人才若此風雅之化於斯爲盛能無令後人望古遥集乎

許渾丁卯集二卷

暇日校用晦詩元刻增廣者較宋板多詩幾大半此又宋本之不如元本矣

李頻黎嶽詩集一卷

集刊于至元後丁丑卷終有雍虞集収藏字蹟

其殆道園家藏本歟

元英先生家集十卷

樂安孫郃作玄英先生傳王贊稱方干入錢起之室撰序題于集首此云元英者避宋諱也集中贈美人七言長句四首今本爲俗子芟去得此始補全之

韓偓詩集一卷

昭宗反正密勿之謀致光爲多觀其不草韋貽範詔正所謂如今冷笑東方朔只用詼諧侍漢

皇也詩以言志致光可稱卓然不拔之君子矣

韓內翰香奩集三卷

香奩集三卷予從元人鈔本錄出末卷多自負一詩洪邁絕句亦未收行間字極佳比流俗本迥異予嘗命名手繪圖二十六幅裝潢成帙精妙絕倫閱之意慾舒放嗟乎致光遭唐末造金鑾前席危捋虎鬚瀆及乎投老無門托迹甌閩竟賚志歿此豈淺夫浪子所能然耶後人但知流浪香奩無有洗發其心事者千載而下可爲隕

涕也沈括云和凝後貴以此集嫁名于致光則宋人已辨之詳矣

杜荀鶴文集三卷

余藏九華山人詩是陳解元書棚宋本總名唐風集後得北宋本繕寫乃名杜荀鶴文集而以唐風集三字注于下竊思荀鶴有詩無文何以集名若此殊所不解通考云唐風集十卷更與顧雲撰序剌謬矣

吳融英歌詩三卷

余生平所見子華詩宋槧本唯此本宜寶護之

寒山拾得詩一卷

豐干語閭丘胤寒山文殊拾得普賢直爲饒舌矣胤令國清寺僧道翹纂集文句成卷而爲之序諸附著拾得録于詩之前惜乎傳世絶少此從宋刻摹寫考南北藏俱未收余謂應同龐居士詩並添入三藏目録中庶不至泯滅無傳耳

禪月集二十五卷

吳融初序貫休詩名西岳集此乃蜀乾德五年

門人曇域尋檢藁草及暗記憶者約一千首雕刻板部題號禪月集曇域稱蜀主崇奉其師過秦主待道安之禮踰趙王迎圖澄之儀今觀其卷首開題云大蜀國龍樓待詔明因辨果功德大師祥麟殿首座引駕內供奉講唱大師道門子使選錄校授文章應制大師兩街僧錄封司空太僕卿雲南人鎮國大師左右御龍華道場對御講讀大師兼禪月大師食邑八千户賜紫大沙門貫休結銜如此知域之言可信不誣然

師以一劍霜寒之句睥睨吳越固非榮名利養足以移其心者一瓶一鉢遠勝紅樓應制之僧千載而下閑雲野鶴如遇師于寥天碧落中吾祖奈何以添州拒之乎

白蓮集十卷

北宋本影録行間多脱字牧翁以朱筆補完又一本有栁僉跋附風騷旨格一卷

黄山谷詩注二十卷目録一卷年譜附

舊刻山谷詩注甚佳但目録中宿舊彭澤懷陶

令題下注云舊本自此以上缺二板以後諸題例之前各題下皆當有注脚今詢無此本姑列各題如右倘後得之當別補入今吾家所藏二葉宛在卷首各題下註脚俱全前更有紹興鄱陽許尹豫章後山詩解一序始知淵嘗以文藝類試有司爲四川第一惜乎刻此書者不及見之遂令舉世缺此幾葉宋本之難得遇如此

黄山谷外集詩注十七卷序自一卷年譜附

山谷倣樂天集廬山本分本詩爲内外篇青神

史容惜内集有註而外集未也故爲續註之

陳后山詩註十二卷

宋人老杜千家詩註荒陋百出而傳之最廣最以任子淵註山谷后山詩施武子增補其父司諫注坡詩皆註家之佳者而傳之獨少山谷后山詩注雖有舊板行世僅而得見余所藏俱宋刻本可稱合璧矣獨坡詩註武子因傳穉漢儒善歐書俾書之以鋟板者曾見于絳雲樓中後廣搜不可得爲生平第一恨事耳

葉石林建康集八卷

少蘊兩帥金陵故以建康名其集蓋其涖官時所作也

段氏二妙集八卷

復之號遯菴誠之號菊軒幼年謁禮部閒閒公目之為二妙道園段氏世德碑銘稱兩先生終隱于家一時諸侯士大夫皆尊師之予從河汾諸老詩中識其氏名今錄其全集讀吳草廬序言有感于元興金亡之會中州逸民遺老身隱

而名不彰者多矣爲嘅嘆久之

金臺集二卷

迺賢易之葛邏祿氏也葛邏祿氏居北庭西北金山之西去中國遠甚元太祖取天下其國與回紇先附易之少居江南長游齊魯燕趙之間客京師危太樸爲編其詩集前後序跋皆一時諸名公手書刺鏤甚精元板中之最佳者虞道園題詩云目疾深坐乃其馬鬃縫目之後故有因君懷郭隗千古意如何之句盖亦自傷也

圭塘欸乃集一卷

安陽公一門及其客唱和之什別有圭塘小藁行于世

楊仲弘詩集八卷

余昔藏元板仲弘詩集後歸之李氏此從刻本影鈔元詩稱虞楊范揭爲四大家今予所藏皆善本殊足喜耳

揭曼碩詩集三卷

吾友顧伊人從至元庚辰刻本爲予手録之

薩天錫鴈門集八卷

新刻通一卷此則八卷前列至元丁丑干文傳序天錫父阿魯赤留鎮燕代生君于鴈門故以鴈門名其詩後附詞十一首君冒姓薩氏名都剌史天錫其字別號直齋薩都剌者即華人所謂濟善也文傳之序云然

范德機詩集七卷

至元庚辰刋于益友書堂臨川葛雝仲穆編次

張憲玉笥集十卷

憲字思廉會稽山陰人居玉笥山自名玉笥山人讀其怯薛行琴操十二首誠留心斯世之士劉釪稱思廉以忠義自許良不虛也

葉顒樵雲獨唱六卷

葉顒金華人稱雲顒（此篆文頂字）天民至正甲午自爲前序庚子又爲後序不乞文于他人即獨唱之旨也

黄庚月屋樵吟四卷

清常道人跋云詩多俊語復多媚語或時吐一

二禪語句中往往有用世意非不欲仕元者

洪焱祖杏庭摘稿一卷

焱祖字潛夫仕元爲休寧縣尹著續新安志十卷爾雅翼音注三十二卷所居有銀杏大百圍故以杏庭爲號遂名其集此則其摘稿也宋濂危素爲之序

宋无翠寒集一卷啽囈集一卷

无字子虛吳人馮海粟極稱其詩隱居翠寒山因以名焉張習分之爲一卷啽囈集鄧光薦作

序附自銘于後其製銘時年已八十一矣尚有靄迺集寒岙冷話無從得見俟更覓之

朱希晦雲松巢詩集一卷

希晦樂清人元季與四明吳主一蕭臺趙彥銘遊咏雁山中時稱爲雁山三老臨終以業田數十畝悉歸祠堂奉祭祀獨取遺藁及端硯古本文選遺五子永樂中其子瀜謁序于天台鮑原弘可謂克繼家聲者矣

王逢梧溪集七卷

先君留心國初史事訪求王逢陳基等集不遺餘力然唯絳雲樓有之牧翁秘不肯出末由得覩先君歿余劍吷齋藏書購得梧溪集前二卷是洪武年間刊本如獲拱璧恨無從補録其全越十餘年復與梁溪顧脩遠借得後五卷鈔本亟命侍史繕寫成完書閱時泣下漬紙痛先君之未及見也原吉志不忘元其故國舊君之思纏綿惻愴初學集跋語極詳又不待予之贅言矣

張光弼詩集二卷

淮張用事諸人宴安逸豫不以烽警爲虞光弼春日詩云一陣春風一陣寒芭蕉長過石闌干只消幾个懵騰醉看得春光到牡丹瞿宗吉謂其隱刺淮張而作詞婉情深有風人之遐思今此集不載何也

灤京雜咏一卷

元揚允孚字和吉吉水濕塘人以布衣從士大夫游襆被萬里迹窮陰山之陰蹛林之北乃元

時帝后避暑之所蓋所謂上京即灤京也雜咏百首備述途中之景及車駕往還典故之大概可補元史闕遺詩有云又是宮車入御天麗姝歌舞太平年侍臣稱賀天顔喜壽酒諸王次第傳注曰千官至御天門俱下馬徒行獨至尊騎馬直入前有教坊舞女引導舞出天下太平字樣至玉階乃止王建宮詞每徧舞時分兩向太平萬歲字當中此猶是唐人字舞之遺制與詩後附周恭王元宮詞四十首成化丁酉春羅璟

從楊文貞公家借録牧翁云此爲周憲王詩恭王受封在世廟時傳寫之誤也

總集

李善注文選六十卷

古人註詩類有體例漢唐諸大儒依經疏解析理精妙此註經之體然也史家如裴松之之註三國劉孝標之註世説旁搜曲引巧聚異同使後之覽者知史筆有如料揀非闕漏不書耳若夫郭象注莊晉人謂離莊自可成子是亦一説

也至于集選宜詮釋字句所自出以明作者之原委如善注文選其嚆矢焉善注有張伯顏重刻元板不及宋本遠甚余所藏乃宋刻佳者中有元人跋語古香馣薆閱之不免以書簏自笑

五臣註文選三十卷

宋刻五臣注文選鏤板精緻覽之殊可悦目唐人貶斥呂向謂比之善著猶如虎狗鳳雞由今觀之良不盡誣昭明序云都爲三十卷此猶是舊卷帙殊足喜耳

古文苑一卷

韓元吉記云世傳孫巨源于佛寺經龕中得唐人所藏古文章一編莫知誰氏録皆史傳所不載文選所未取者因以古文苑目之今次爲九卷刋于淳熙六年六月卷中栢梁詩每句下但稱官位而無名氏有姓有名者唯郭舍人東方朔耳世所行注本古文苑于每句下各增名姓按漢武帝元封三年作栢梁臺詔群臣二千石有能爲七言詩乃得上座今注本太常曰周建

德則建德先于元鼎五年坐擅由太樂令論矣大臚鴻曰壺充國年表太初元年充國始爲此官去臺成作詩之日則遠隔五年矣少府曰王温舒則温舒已于三年徙矣右扶風曰李成信則成信此時爲右内史矣蹐繆如此古詩紀仍其譌而不知故特爲正之

梁公九諫一卷

賜書樓藏舊鈔本與唐書互有異同存之以備參考可也

玉臺新詠集十卷

是集緣本東朝事先天監流俗本妄增詩幾二百首遂至子山竄入北之篇孝穆濫觴之曲良可笑也此本出自寒山趙氏余得之於黃子羽卷中簡文尚稱皇太子元帝稱湘東王未改選録舊觀牧翁云凡古書一經庸妄手紕繆百出便應付蠟車覆瓿不獨此集也披覽之餘覆視牧翁跋語爲之掩卷憮然

織錦迴文詩一卷

蘇若蘭織錦迴文詩天册金輪皇帝序冠首簡仇東之云程篁墩嘗云衍聖公藏本詩僅一百四十餘首謂天下能讀者無過之後見黃山谷絕句千詩織就迴文錦如此陽臺暮雨何亦有英靈蘇蕙子更無悔過竇連波因知山谷必嘗讀至千篇且愧予之自狹也起宗道人紬繹是詩分圖爲七共一百七十四段得三四五六七言詩至三千七百餘首星羅碁布宛若天成起宗録以見贈讚歎之餘爲書如是東之之跋傾倒

起宗至矣惜未詳其生平亦一缺陷事余謂作者繹者皆天壤間間氣所出俾後人得曉然讀之何其幸歟別一本乃東海顧德基用晦所編用五彩分章析爲十圖另一讀法亦可令人解頤但用晦頗以未見起宗本爲恨耳

才調集十卷

余藏才調集三一是陳解元書棚宋槧本一是錢復真家藏舊鈔本一是影寫陳解元書棚本閒嘗論之韋縠選此集每卷簡端題古律雜歌

詩一百首槩絕句下律詩中南宋人不復解此今之詩家并不知絕句是律矣格律之間溯流窮源未免有詩亡之歎

中興間氣集二卷

渤海高仲武自至德元首終大曆暮年採二十六人詩總一百三十二首命曰中興間氣集每人冠以小序鑒公衡平果自鄶以下非所敢隸焉此本從宋刻摹寫字句絕佳郎如朱灣詠三詩首句獻玉屢招疑三獻玉也次云終朝省復

思三省三思也頷聯旣哀黄鳥與還復白圭詩三良三復也頸聯請益先求友將行必擇師益者三友三人行也結云誰知不鳴者獨下仲舒帷三年不鳴三年不窺園也後人不解詩義翻疑三爲譌字妄改題曰咏玉凡元至明刻本皆然不知唐人戲拈小題偶吟一律便自雋永有味非若今之人詩成而後着題也世有玄對吾語者始可與言詩矣

竇氏聯珠集一卷

聯珠之義蓋取一家偕列即曆法五星如聯珠
也凡詩千百首常字中行年字貽周羣字丹列
庠字胄卿輩字及封人各一傳刊于淳熙五年
此乃影宋本舊鈔也

松陵集十卷

從來唱和之作無有如魯望襲美驚心動魄富
有日新者直所謂淩轢波濤穿穴險固囚瑣怪
異破碎陣敵卒造平淡而後已此從宋刻影録
前二卷猶是絳雲燼餘北宋槧本洪治中劉濟

民刻是集都玄敬爲之校讐初視之甚古雅惜非宋本行次

唐僧弘秀集十卷

寶祐第六春菏澤李龔和父編共僧五十二人得詩五百首此係元人鈔本舊藏楊君謙家予獲之于孫岷自岷自購一古圖記刻鏤孫江字絕佳苦愛之即改名江亦吾鄉俊民也

西崑酬唱集二卷

五七言律詩二百四十七章屬和者十有五人

取玉山策府之名命之曰西崑酬唱集楊億爲之序憶丁亥戊子歲予始弱冠交于巳蒼定遠兩馮君時時過予商確風雅互以蒐討異書爲能事一日巳蒼先生來池上安榴正盛開爛然照眼君箕踞坐几上蹻尾厲角極論詩派源流格之何以爲格律之何以爲律西江何以反乎西崑反覆數千言開予茅塞寔多但不得覩西崑集共相惋惜耳未幾君爲酷吏礫死屈指巳一十六七年泉路交期頻于夢中哭君而巳余

後得此集繙閲之因記滄浪吟卷曰西崑體即李商隱體然兼温庭筠及本朝楊劉諸公而名之者按西崑之名剏自楊劉諸君及吾遠祖思公大年序之甚明其詩皆宗商隱故宋初内晏優人有撏撦義山之謔今云云即商隱體而兼庭筠是統温李先西崑之矣且及之云云者楊劉反似西崑繼起之人疑誤後學似是寔非積學君子排斥嚴儀高棅不少寬假者豈好辯哉今世奉吟卷爲金科玉條何也

傳芳集二卷

宋綬序傳芳集云彭城公纂其宗門歌詩凡得格律長言四十五首合爲一編族子仙芝又纂爲五卷目曰後集今此本乃忠靖公十二世孫楞所刊者上卷自吾祖武肅王至浙東提刑共二十四人下卷自澹軒先生至石泉生共三十八人總詩一百三十二首未知與宣獻公所序本合否吾祖還鄉歌曰三節還鄉兮掛錦衣碧天朗朗兮愛日暉功臣道上兮列旌旗父老遠

迎兮來相隨家山鄉巷兮會時稀今朝設燕兮觥散飛牛羊撫字兮民無欺吳越一王兮駟馬歸五代史刪爲四句雖見歐公剪裁之妙然非此集末由見吾祖之全璧且歌中豪上之氣誠有足配漢高皇者吾子孫其知之

唐人絶句一百一卷

洪邁唐人絶句目録三卷七言七十五卷五言二十五卷六言一卷趙宧光所刊綂而一之聖經所以有好自用之戒也

古今歲時雜詠四十六卷目録二卷

宋宣獻公綬裒集前人歲時篇什編成二十卷名曰歲時雜咏紹興丁卯眉山蒲積中致歙又取歐陽蘇黄荆公聖俞文潛無巳輩流逢時感慨之作附古詩後列爲今詩卷次秩然洵大觀也此等書除宋刻繕寫外别無刋本流布將來蕪沒無傳甚可惜耳

和西湖百咏詩一卷

咸淳壬申静傳居士董嗣杲作西湖百咏詩序

以行于世和之者餘姚陳贄惟成也

河汾諸老詩集八卷

幽蘭一炬遺山爲金源逸民以詩雄鳴于太原平陽間集中麻革信之張宇彦誠陳庚子颺陳庚子京房灝希白段克已復之段成已誠之曹之謙益甫諸老咸與遺山游大德辛丑房祺編次此集古律二百一首而遺山弗與今觀其序所以張遺山者特甚蓋以一時之宗匠尊之故不録其詩于集中耳

大雅集八卷

天台賴良善卿編輯一時名人詩或人一篇或人數篇勒成一集鐵崖道人名之曰大雅首冠以序刋于至正壬寅席帽山人又爲後序書于卷末

谷音二卷

谷音二卷共二十九人人各一小序總詩一百首徐干王跋云杜本伯原所輯宋遺民之作此爲于王所藏牧翁所校正者余觀諸人皆具阨

寒磊落之才徵此書幾有名氏翳如之歎

盤谷唱和前後集二卷

陳谷閒閒先生傳曰先生諱膺字仕端誠意伯基之嫡孫叅政君璉之冢嗣也洪武庚午襲封以叔閣門使事有連遣歸里築室西雞山之下名曰盤谷掇其景之最勝者八賦詩與海內名公唱和此集之所由作也傳又云洪武丁丑先生之季詣闕朝賀上不悅遂有酒泉之貶太祖賓天得還今上肇登大寶先生入覲恩眷尤隆

終不奪其林泉之志觀此則永樂中先生尚在而吾學編諸書謂龍衣封之次年九月卒者皆謬也此傳附丁集後微此傳則先生罷官遣戍之本末皆莫得而考矣執史筆者其知之乎

聲畫集八卷

聲畫集八卷不著編者名氏古今題畫之什咸採聚焉卷初老子畫像詩爲劉䓮老所作後人寫書目竟定爲䓮老集者誤也

郭豫亨梅花字字香二卷

梅花詩自枝横花遠擅美于前踈影暗香踵華于後雖有繼聲者難乎其成咏矣青丘復能削去繁詞獨標新致牧翁謂此諸公從衆香國來與梅花持世各數百年然予吟老杜幸不折來傷歲暮句覺梅之遠神又不在前村深雪縞衣扣門時也郭君採衆言以爲巳長天直獨發如出自然下視中峰百咏海粟移日倚和之彼爲百笨伯矣書刊于至正辛亥字畫勁秀亦如梅之老幹虬枝亞影踈窗殊可愛也

朝鮮詩四卷

東國夙被聲教崇尚文雅卷中詩彬彬可觀其新羅納祗王憂思曲與古詞鵶迷嶺二篇可補東史闕遺

詩文評

任昉文章緣起一卷

梁新安太守樂安任昉著此書凡八十五題洪适曰墓誌皆漢人大隸此云始于晉日蓋丘中之刻當其時未露見也

劉勰文心雕龍十卷

此書至正巳未刻于嘉禾弘治甲子刻于吳門嘉靖甲子刻於新安辛卯刻于建安癸卯又刻于新安萬曆巳酉刻于南昌至隱秀一篇均之闕如也錢功甫得阮華山宋槧本鈔補始爲完書功甫名允治老屋三間藏書充棟其嗜好之勤雖白日檢書必秉燭緣梯上下所藏多人間罕見之本有李師師外傳一卷牧翁屢借不與此書種子斷絶亦藝林一恨事也嗟嗟功甫以

老書生徒手積聚奇書滿家今世負大力者果能篤志訪求懸金重購則縹囊緗帙有不郄車而至者乎然我聞墨林項氏每遇宋刻即邀文氏二承鑒別之故藏書皆精妙絕倫虛心諮決此又今人之師也今人奈何不師之

蒼崖先生金石例十卷

蒼崖先生潘氏諱昂霄字景梁濟南人取古昔碑碣鐘鼎之文提綱舉要條分類聚名曰金石例一至五卷則述銘誌之始而于貴賤品級塋

墓羊虎德政神道家廟賜碑之制度必辨焉六至八卷則述韓文括例而于家世宗族取名妻子死塟日月之筆削特詳焉九卷先正格言十卷史院凡例至正五年先生之子敏中爲饒理官屬郡士楊本端如輯其次第而刋行之

墓銘舉例四卷

唐取昌黎習之河東三家宋取歐蘇數公録所載墓誌銘之目而舉其例于各題之下神道碑銘亦如之例之大要曰十有三誌銘之法于兹

頗備焉

風月堂詩話二卷

宋朱弁少章著萬曆庚申春月籛後人跋云燈下讀少章傳即以風月堂詩話對坊刻一過念公于氷天雪窖之中作幅巾林下之想為之長歎

臨漢隱居詩話一卷

宋魏泰道輔撰洪武九年丙辰映窩老人寫于華亭集賢外波草舍雨窗時年八十老人即孫

道明也

歲寒堂詩話一卷

宋絳郡趙戒撰

西清詩話三卷

題無爲子撰經籍考云或曰蔡絛使其客爲之

也

娱書堂詩話四卷

趙與虤威伯撰

艇齋詩話一卷

南豐曾季貍裘甫撰

蓮堂詩話二卷

海昌祝誠輯建陽精舍藏書

優古堂詩話一卷

吳幵正仲著

後邨詩話二卷

劉克莊著

碧溪詩話十卷

黄徹常明著常明扱㓜南歸寓興化之碧溪成

此書嘉泰三年癸亥其孫壽熙題于後而刊行之

北山詩話一卷

不著撰人名字卷終跋云嘉靖乙巳晁春陵大

史宋本録

天廚禁臠三卷

石門洪覺範撰

詩學禁臠一卷

元清江范德機著

詩林要語一卷

清江子范標德機述

梅磵詩話三卷

元吳興韋安居著安居與子昂同時人

學吟新咏一卷

雲坡居士虔亭翟公厚述永樂壬寅張思安爲之序此猶是其藁本也

詩法拾英一卷

斗城山人孫昭纂次

松石軒詩一卷

竹林嬾仙撰

諸家老杜詩評五卷

方深取其兄類集老杜詩史益以洪駒父詩話已下凡八家編次成帙牧翁箋註頗有採于此焉

詩體提綱十卷

標題江湖詩社聚編而序文以禪喻詩謂漢魏盛唐入諸佛地位大曆元和以降證圓覺聲聞果晚唐則小乘禪盖影畧嚴儀卿餘而衍其說

者不知聲聞即小乘也書此以正之

詩學權輿二十二卷

弋陽黄溥澄濟撰觀其採録頗勤用心亦良苦矣惜乎下劣詩魔入其肺腑徒矜淵博不明持擇終成傀儡師革膠之戲耳

竹莊詩話二十四卷

竹莊居士不知何時人遍蒐古今評雜録列其説于前而以全首附于後乃詩話中之絶佳者至以少卿雙鳧相背飛相遠日已長句出自古

文苑

韵語陽秋二十卷

丹陽葛立方常之撰朱性甫借得此書宋槧本邢麗文命工摹寫二部舉其一贈性甫朱守中又從性甫借歸弘治癸亥金成性録成此本守中爲題其卷尾三君皆衡山好友安貧樂志吳中雅士也常之詩話無足取存此見前輩嗜好之勤互以鈔書爲風流罪過亦藝林美談也

滄浪吟二卷

滄浪復吳景仙書僕之詩辨乃斷千百年公案誠驚世絶俗之談又云來書謂忽被人捉破發問何以答之僕正欲人發問而不可得其封已負高師心自是數百年來學人爲其夸詞壓倒從無卓識士訟言破斥之何耶他不具論即如詩辨云先須熟讀楚詞朝夕諷咏以爲之本別一條云九章不如九歌九歌哀郢尤妙殊不知九歌中有哀郢否吾恐滄浪于楚詞不唯不熟兼亦未嘗讀也哆口妄談似説鬼説夢斷千百

年公案若是之驚世絕俗乎當時有人以此捉破發問之將何以答乎今取其言聊發一端以告世之學吟者予豈好辯哉

詞

花間集十卷

趙崇祚集唐末才士長短句歐陽炯爲之弁語可繼孝穆玉臺序文紹興十八年濟陽晁謙之刊正題于後鏤板精好楮墨絕佳宋槧本之最難得者也

弁陽老人絶妙詞選七卷

弁陽老人選此詞總目後又有目録卷中詞人大半余所未曉者其選録精允清言秀句層見叠出誠詞家之南董也此本又經前輩細勘批閲姓氏下各朱標其出處里第展玩之心目了然

梅苑十卷

王晦叔曰吾友黄載方歌詞直與唐名輩相角所居齋前梅花一枝甚盛因録唐以來詞人才

士之作凡數百篇爲齋居之玩名曰梅苑其樂府號廣變風有賦梅花數曲亦自奇特晦叔稱許載方如此余今復覩其書聲聲慢但作勝勝慢未敢率意改之

東坡樂府一卷

東坡樂府刻于延祐庚申舊藏注釋宋本穿鑿蕪陋殊不足觀棄彼留此可也

讀書敏求記卷四終

吳興趙孟升用亨校字

乙巳季冬吴興趙子用亨過予出錢遵王先生讀書敏求記見眎其所載胥宋元刻善本世所罕覯能考其從來而評隲其是非洵博雅嗜古君子也今逢衣徒率楞中捷口束書不覿宜是編尚未刊布趙子將板行之可以知其志矣趙子爲文敏之䈂季少有才辭美茂暢洽播於時流庚幾克浸其始予竊有厚望焉爲題數語踈之上海曹一士

ISBN 978-7-5010-6360-4

9 787501 063604 >

定價：198.00圓（全二册）